职业本科教育与教学方法研究

刘桂梅　李健　高科　著

中国文联出版社

图书在版编目（CIP）数据

职业本科教育与教学方法研究 / 刘桂梅，李健，高科著. -- 北京 : 中国文联出版社，2023.12
ISBN 978-7-5190-5427-4

Ⅰ. ①职… Ⅱ. ①刘… ②李… ③高… Ⅲ. ①本科－职业教育－教育研究－中国 Ⅳ. ①G649.21

中国国家版本馆CIP数据核字(2023)第257321号

著　　者　刘桂梅　李健　高科
责任编辑　周欣
责任校对　秀点校对
装帧设计　研杰星空

出版发行　中国文联出版社有限公司
社　　址　北京市朝阳区农展馆南里10号　　邮编　100125
电　　话　010-85923025（发行部）　　010-85923091（总编室）
经　　销　全国新华书店等
印　　刷　明玺印务（廊坊）有限公司

开　　本　710毫米×1000毫米　1/16
印　　张　11
字　　数　184千字
版　　次　2023年12月第1版第1次印刷
定　　价　50.00元

前　言

随着社会和经济的不断发展，职业本科教育作为培养高素质、高技能、适应市场需求的应用型人才的主要途径和方式，正受到越来越多的关注和重视。职业本科高校教育在实现人才培养的同时也面临着一系列新的挑战和机遇。

本书以“职业本科教育与教学方法研究”为主题，共分为八章，第一章阐述了职业本科教育的概念界定、内涵要义以及理论依据，为后续研究提供基础和背景。第二章主要介绍职业本科高校教育的教学方法，分析如何推进职业本科教育的高质量发展。第三章探讨职业本科教育人才培养目标定位的依据、应然方向和国外经验借鉴，提出了职业本科教育人才培养目标的优化方向。第四章主要阐述了职业本科教育的课程构建，包括课程体系的内涵、构建以及与教学方法的关系。第五章探讨了如何实现职业本科院校高质量教学，从理论概述、困境分析、实现策略三方面入手，探究了高质量教学的实现路径。第六章探讨了职业本科院校教学方法的适切性分析和优化策略，提出了不同的教学方法和策略。第七章主要阐述了职业本科高校高质量教育模式构建，包括理论概述、实践探析和构建策略。第八章探讨了网络时代下职业本科高校教学方法创新的前提、方向和策略，提出了网络时代下职业本科高校教学方法创新的具体路径和策略。

本书旨在探讨职业木科高校的教育与教学方法的研究，希望通过对职业本科高校教育的分析和研究，能够为职业本科高校的教育和教学方法的改进与提高提供参考和建议，为培养高素质、高技能、适应市场需求的应用型人才做出贡献。

前言

目 录

第一章　职业本科教育的内涵要义及理论依据

职业本科教育是本书的研究对象，对研究对象进行科学界定是研究一切事物的基本起点。本章主要对职业本科教育的内涵和发展职业本科教育的理论依据进行深入剖析，以此明确职业本科教育在我国职业教育体系中的定位和功能。

第一节　概念界定

“概念”不仅是提出问题的重要前提，也是发现问题和解决问题的逻辑起点。对概念的界定也俗称下定义，虽然其不能揭示所研究事物的本质，但能让大家清楚地研究其中所要讨论的事物究竟是什么。也就是说，对概念的界定，能辅助我们在众多有所指的对象中进行分类然后区分，让我们在研究中避免出现由于对对象的定义和命名而出现理解上的误解。本研究涉及的核心概念主要包括：职业教育、职业本科教育。

一、职业教育及其概念流变

给职业教育下定义前，首先需要了解职业教育的变迁。因为对职业教育的理解存在差异,所以我国对职业教育的称谓也是不断变化的。光绪二十九年(1903),由张百熙、张之洞、荣庆等奏拟撰写的《奏定学堂章程》中提到了“实业教育”，通过对其内涵的理解发现，其主要分为中等实业学堂和高等实业学堂，与我国当前的中等职业教育和高等职业教育相当。此后,20 世纪 20 年代北京政府颁布《学校系统改革案》中规定的学制系统《壬戌学制》又称新学制，该学制中首次出现了“职业教育”的称谓。再到中华人民共和国成立后，国家在对旧中国教育体制改革中出现了“职业技术教育”的说法。1996年我国颁布了《中华人民共和国职业教育法》，其法定称谓是“职业教育”。称谓的反复变更大多是受社会历史发展的影响，这种变化不仅体现了人们对职业教育内涵的不同理解，也反映了不同时期我国职业教育在认识观上的变化。

在职业教育概念的解读方面，不同时期的专家通过不同角度对其有不同的解读和阐释。其中，《辞海》对职业教育的解读比较具有代表性，其认为：职业教育是给予学生或者在职人员从事某种生产、工作所需的知识、技能和态度的教育，分就业前和就业后两类。2001年，联合国教科文组织修订的《关于技术与职业教育的建议书》中对技术与职业教育的含义做了更为全面的理解：首先，其不仅属于普通教育的一部分，也是终身教育的一个方面；其次，它是一种为了帮助人们进入某一就业领域所开展的准备教育；再次，它有利于环境的可持续发展；最后，它能够逐渐消除社会贫困。《职业教育学——原理与应用》的作者黄尧曾指出，职业教育的人才培养是技术型和技能型人才。除此之外，他还指出：职业教育必须具备职业性、技术性、社会性、终身性和全民性的特点。可以看到的是，职业教育作为一个历史范畴，其在不同的历史阶段有不同的解读。它不仅有广义和狭义之分，还有内部和外部的区别。本研究所指的职业教育是一种相对狭义的职业教育。笔者认为：职业教育首先需要具备“职业性、技能性、社会性和终身性”的特点，它的目的主要是通过一定的理论和实践教学，让学生掌握相应的职业技能，获得相应的职业资格证书，以此为社会培养一批能够从事生产、管理、服务和咨询的各层次技术技能型人才。

二、职业本科及相关概念

国务院办公厅印发了《关于推动现代职业教育高质量发展的意见》，指出“稳步发展职业本科教育，高标准建设职业本科学校和专业，保持职业教育办学方向不变、培养模式不变、特色发展不变”，在该文件中首次使用了“职业本科”的称谓。在后续《关于做好本科层次职业学校学士学位授权与授予工作的意见》等文件中均采用了“本科层次职业教育”和“职业本科”的称谓。为此，在对相关政策性文件进行梳理和解读后发现，职业本科即本科层次职业教育。它是一种将技术理论与实践应用相结合，注重培养学生实践操作能力的一种新型的本科层次职业教育。其内涵与传统说法“本科高职”“技术本科”“高等本科职业教育”一致，都是一种在探索如何培养更高层次的技能型人才的教育。在研究职业本科概念之前，首先要厘清职业本科与职业专科、职业本科与应用本科的异同。职业本科与职业专科都属于职业教育，但二者是同一轨道的不同层次教育，其与专科层次职业教育相比，主要有三大特征：第一，人才培养层次不同；第二，职业本科人才培养目标以复合型为主；第三，职业本科是更高层次的职业教育。与应用型本科相比，可以发现两者在办学定位、培养目标等方面都极其相似，但在实践管理中，两者被分为不同类的事物。高等学校被划分为三大类：研究型、应用型、职业技能型。职业本科属于高校管理的第三类，而应用型本科属于第二类。以此为逻辑点，进行进一步研究发现：二者在以下方面存在差异，首先是人才培养目标，职业本科培养的是高层次技术型人才，应用型本科培养的是高级应用型人才；其次是培养内容，前者要求学生在掌握一定技术理论知识后，学会具体的操作技能和技术创新技能，后者是要求学生将理论符号转化成实践技能；最后，从就业面向来看，职业本科的学生更多的是从事社会基层工作，而应用型本科的学生更多的是面向社会所需要的一线岗位。尽管二者在大方向上没有太大本质差别，但从国情出发，二者更适合分类管理、分类发展。在此，本书将职业本科教育的概念定义为“以就业为导向，以服务社会为办学宗旨，在坚持走产学研相结合的道路中，为社会培养一批面向基层的、会操作会研发、懂管理懂生产的本科层次技术型人才”。

第二节　职业本科教育

一、职业本科教育的内涵和特征

明确职业本科教育的内涵和特征，是构建职业本科教育课程体系的前提条件。任何课程都有一定的教育价值观的依据，并在其观念的指导下以一定逻辑顺序排列组合教育内容，成为实现人才培养目标的载体和保障教育高质量发展的基础。因而，职业本科教育课程体系的研究应从职业本科教育的内涵和特征说起。

我国的职业本科教育于2014年首次提出，2019年开始试点。2021年4月13日，在北京召开的全国职业教育大会上，传达了习近平总书记对职业教育工作的重要指示：要优化职业教育类型定位，稳步发展职业本科教育，培养更多的高素质技术技能人才、能工巧匠、大国工匠。开启了职业本科教育的稳步发展时期。

（一）职业本科教育的内涵

职业本科教育，就其表面文字而言，是由“本科”和“职业教育”两个单独的概念组合而成，我们通常认为的职业教育是专科层次的，与本科教育不属于同一层次，然而，职业本科教育将“职业教育”与“本科”进行融合，由此具备了兼顾“本科”和“职业教育”的双重属性。职业本科教育在《现代职业教育体系建设规划》中被认定为是：“高等职业教育的中间过渡阶段，由应用技术大学负责实施，招收工作表现突出的技术技能人才、优秀的中高职学校毕业生和具有技术技能潜力的普通高中、综合高中毕业生，重点培养具有创新精神的高级复合型技术技能人才。”

本书从人才培养维度探讨其内涵，认为职业本科教育是指在国家政策鼓励下发展的，满足地方经济发展，以培养高层次职业技术人才为目标的本科层次的教育活动，以职业发展需求为导向、以综合职业能力培养为重点、以产学研用结合为途径，紧密对接产业需求，培养高层次技术技能型人才的类型教育。

1. 本科职业类型及层次定位

从职业教育的定位来看，这种区别于一般的传统学术型教育的应用型教育，作为教育形态之一，职业教育同其他教育类别一样首先必然具有教育性，此外，职业教育还具有职业性、应用性、区域性、实践性等明显区别于其他教育的显著特点。

对于当前世界各国的教育体系，联合国组织将其分为三个大类，7个层次。第5层次是包括大专、本科和硕士研究生的高等教育第一阶段，其中，表示学术性的教育被归类为5A，而技术层面的教育一般被分到5B类。潘懋元先生参照国际教育标准分类，曾提出我国高校应分为以下三种基本类型：第一类为学术型大学，是以培养不同学科理论人才为主的地方；第二类为应用型本科高校，主要培养不同层次具有专门针对性的应用型人才；第三类为职业技术型院校，将专业性较强的学科、行业作为学习目标，培养的是定向性明显的技术人员。

从以上分析可以看出，国际的分类标准和学者专家提出的建设我国现代职业教育体系的建议与思考，职业教育需要有本科甚至更高层次存在是毋庸置疑的。如此一来，本科职业教育的定位也就清晰明了了，它在横向层面上属于高等教育中与普通教育类型平级的职业教育类型，在纵向层面上属于职业教育体系中高于专科的高等教育层次。

2. 培养目标定位

从两个不同的教育体系来看，我国当前存在的高等院校可以按照不同体系，分为职业教育和普通教育两个类别，二者虽然有着本质的差异，但是从级别上来看是属于同等学力。本科职业教育培养的定向人才就是用知识储备和技术能力，在工作中进行生产实践，并且总结技术经验；普通本科则侧重于科学知识的教学和高深学问研究，通常通过学术水平进行考察。因此，本科职业教育首先应将培养目标锁定于应用技术型人才，对于这些人才来说，学习的过程就是不断地在实践中找出新的技术发展可能性，而行业进步只有经过他们的努力才能使具体的工艺得到升级。所以说，技术型人才的作用就是不断探索技术的应用能力，行业可以通过吸纳新的技术型人才来获得新的发展动力。由于他们大都在生产第一线进行理论知识的实践，这种职业教育特点就在于：一是提高技术人才对专业知识的综合性掌握能力；二是能够给技术人员实现在现场实践技术的机会，减少理论知识与实践磨合需要的时间；三是培养人际关系能力、组织协调能力等在合作劳动中必不可少的重要素质。

本科职业教育所培养的技术应用型有着独特的技术需求与岗位职责，对于这些人才来说，怎样把理论知识应用到实际生产中，才是他们在工作中最关心的问题，不仅仅要牢记维护生产设备的知识，还需掌握有关改良生产的技能，能够针对技术在实践中遇到的问题，进行新的研究与开发。结合我国本科职业教育的培养目标和定位，将其职责归纳为：在现场对生产和质量进行严格把关控制；把技术理论进行市场化试验，并制定出可行性方案；合理运筹协调人员工作等。

3. 服务定位

对职业教育而言，专业设置是学校与社会的纽带。本科职业教育如何设置专业必须考虑社会需求，并且根据产业结构的变化和升级及时做出相应的调整，为体现其针对性，一是要确保在学生毕业面临就业之际所具备的职业技术水平，二是将经济技术发展导致的对职业要求的变化迅速反映到专业的设置上。本科职业教育的发展方向，就是以本科及以上学历为目标，建立一种具有技术实践价值的教育体系。与普通高等教育所带来的教育相比，这种技术型院校需要将职业教育与高等教育相融合，兼顾其教育双重属性，并利用这种兼容的属性去推动行业发展。高等教育的三大职能是指培养人才、科学研究和社会服务，而职业教育“以服务为宗旨，以就业为导向，走产学研结合之路”的官方定位明确了本科职业教育院校应将“服务社会”这一功能发挥比普通高校更大的功能作用。因此，本科职业教育在人才培养和专业设置的过程中需贯彻“以市场需求为导向，以职业岗位群为依据”的原则，只有面向地方人才需求和产业结构发展趋势，为区域经济发展服务，增强区域经济活力，本科职业教育才有生存和发展的空间。

（二）职业本科教育的特征

通过与同类型中职、专科高职教育的纵向比较和同层次的普通本科教育横向比较，职业本科教育应兼具“职业性”的类型特征和“高等性”的层次属性。首先，教育的职业性。相对于普通本科教育来说，职业本科教育培养的高层次人才对具备职业需求的技术技能有更具象的要求，课程更体现职业的原理性知识特征，培养路径更体现职业活动的指向性。构成了“培养目标—课程内容—教育活动”的“职业性”逻辑体系。其次，人才的高等性。相对于中职和专科高职，职业本科教育培养的技术技能人才具有更高的人文素质、职业素质以及技术素质等综合素质。形成了职业本科人才的“岗位—知识—技术”的“高等性”逻辑联系。

二、本科职业教育与技术本科、技术应用型本科的关系

在查阅文献的过程中可以发现，本科职业教育与技术本科、技术应用型本科有着密切的联系，明确技术本科和应用型本科的定位，对研究本科职业教育的内涵和外延具有重要意义。

国际职业技术教育观认为，本科高等职业技术教育和应用型本科教育是同一事物的不同名称，都是指培养本科层次技术应用型人才的教育。但是依据我国实际情况，还是稍有不同。

（一）本科职业教育与技术本科的关系

我们对于技术本科教育的认知，多数学者都认为这是一个职业技术教育升级的过程，对此社会各界意见比较统一，也认可高等职业技术教育的可升级空间。本书研究的职业本科教育，也是以提高职业教育社会价值为出发点，建立的一种具有可行性的技术应用型人才培养模式。

不管哪一种教育方式，都是经过联合国教科文组织认可的体系。前文提到的分类中，将一般的技术型教育体系归纳到5B类，指的就是以高等职业技术教育为核心的技术型人才培养模式。简单来说，5B类是培养实用型、技术型和技能型人才的。依据培养目标和定位，我国的本科层次职业教育与5B类教育目标基本一致。潘懋元先生认为，对于不同于普通学术型院校的技术教育体系来说，应该按照不同等级的培养模式，来完成高等职业教育的目标，可以将“专科—职业本科—专业硕士”作为基本核心。这是一种将技术教育与学术教育并列的主张，夏建国教授也认同这种观点，认为在5B类的教育体系中，应该建立出符合行业发展、能够促进学生继续深造的多元化结构。

从职业教育和技术教育的内涵与特征来看，二者是共融共存的。本科职业教育的发展，也需要有技术层面的扶持，将层次相同类别不同的教育实现全社会范围的推广，作为一种兼具高等教育和职业技术教育双重特征的“跨界”教育形态，甚至二者之间可以画等号。

（二）本科职业教育与应用型本科的关系

20 世纪 80 年代，传统学术型本科院校拥有无与伦比的优势，新建本科院校在重压之下为了突破重围，将发展目标定位在应用型，与普通学术型的本科教育形成错位发展。然而，应用型本科由于涵盖范围过于广泛，一直缺乏明确的定位，导致概念模糊。依据国际教育分类、高等教育分类理论等权威标准，通常将我国本科高等教育分为三类：学术型本科、工程型本科和职业技术本科。第二类和第三类均属于应用型本科，从定位来看，第三类技术应用型本科与本科职业教育十分相似。

与普通学术性教育的人才培养模式相比，应用型技术人员的培养目标，是按照社会中的行业需求，去进行相关的理论知识学习，同时将这些知识直接应用到一线生产中。所以说，从教育成果来看，高等职业教育的有效性与实践性更明显。从二者的内涵出发，单科型或多科型的高职院校以各行各业实用性知识为主，将整个生产流程当作学习重点，这种情况下培养出的人才，明显从类型上与高职院校有着部分重合，可以说是高职教育培养理念的延伸。这样看来，不管是应用型本科还是高职专科，其内涵都是以社会行业的需求为核心，基本属性上也有着明确的层次定位的承接性、规格定位的实用性等等特点，所以从相关性角度分析，这两种教育体系都能够为我国的高等技术人才培养奠定稳定的基础。并且根据人才分类体系，教育也可以划分为学术型教育和应用型教育，应用型本科教育涵盖着本科层次高等职业技术教育，认为这样的分类和理解既保证了与国际分类的一致，又符合中国的实际。

不难看出高职院校与技术应用型大学是一脉相承的，二者办学类型一致但层次定位不同。高等职业技术教育是专科层次的技术应用型教育，技术应用型学校的教育以本科层次为主。高等职业教育如果涵盖了本科模式，那么可以说二者本质上基本相同。很多学者在探讨如何办好我国应用型大学时，多会借鉴如德国的技术科学大学、英国的多科技术学院、我国台湾的技术学院和科技大学等，而这类学校根据国际教育标准分类都属于 5B 类，更体现了二者的共通之处。

根据这些分析，可以把本科职业教育当作应用型本科教育的一个分支，主要与技术应用型本科对应。然而严格看来，应用型教育的界定本身就较为模糊笼统，且由于在实际办学多数高校并没有完全遵照应用型教育理念，甚至理论应用型本科与技术应用型本科之间也无明显区分，在相关研究中仅统称为应用型本科。种种原因导致应用型本科在办学过程中依然离不开学术型本科教育的束缚，所以并不能将二者完全画上等号。

三、职业本科教育专业建设

（一）职业本科教育专业建设的内涵

职业本科教育是我国进入新时代后教育改革的新生事物。2023 年国家出台的“职教二十条”强调，职业本科教育和普通本科教育是两种类型。职业本科教育不同于普通本科教育，就需要走出自己的独特办学之路，因此专业建设内涵要素理应有自己的独特性。根据专业建设的基本要求和教育部办公厅印发的《本科层次职业教育专业设置管理办法（试行）》明确的职业本科教育专业设置条件与要求，职业本科教育专业建设的内涵要素大致包含以下几个方面：人才培养目标定位、课程体系的完善和优化、教学内容的研究与改革、师资队伍的建设与条件保障等。

1. 人才培养目标

培养承担岗位职责，具有高技术技能的人才是职业本科教育专业建设的核心工作。因此，确定人才培养目标是职业本科教育专业建设的首要任务和突破点。现代工业社会中，只有拥有高层次、宽领域知识技能面的现代化职业本科教育人才，才能在复杂多变的工作环境中，将知识与技能灵活转化为处理、协调和解决问题的能力。只注重某项技术应用的传统培养方式已不适用于当下社会。这就需要及时掌握市场对专业技术人才需求的变化和技术发展状况，不断调整和优化培养目标和培养方案，增强人才培养工作的针对性。职业本科教育专业培养的应是具有高层次知识技能的人才，侧重于强调理论知识在实践中的应用。

2. 课程体系

课程体系是职业本科教育专业建设的实质性内容。课程体系建设应满足职业岗位能力要求，符合工学结合的职业本科教育规律，并能促进学生全面发展，还能生动凸显学习内容和职业能力两者之间的融合关系。职业本科教育专业建设的突出特点就是培养学生的职业能力。相对于职业专科的学生而言，职业本科教育的学生将要面对的工作环境和生产设备会更为复杂和先进，需要解决的现场问题会变得更具有可变性和综合性。这就需要职业本科教育的课程设置应该从岗位（群）的能力要求出发，反向推出专业需要的课程体系，课程体系应当在岗位能力体系的基础上建立起来。基础课程系统和实践教学课程系统是课程体系中需要加强的二大系统。基础课程体系应根据专业特点合理确定基础课程体系的比例，区别于岗位培训，着眼于学生综合素质的提高并与实践教学体系相互交融。

3. 教学内容

教学内容是职业本科教育高等学校教学改革的重难点工作。职业本科教育的教学内容主要以职业岗位和工作过程为依据进行合理设定。教学内容要想更好地适应现代职业工种和岗位变化的需求，就需要灵活地不断做出改革。当然，这离不开企业、行业相关共同体的力量。职业本科教育高等学校需要在教学内容建设和改革过程中，不断增强与企业、行业的联系，有效借助企业、行业的教学资源，共同研究、开发和完善教学内容。教学内容的研发和优化是一个复杂的共同体，需要考虑到方方面面的因素。比如既要把就业岗位的职业要求纳入考虑范围，也要考虑到满足学生未来从事一个职业领域或是多个相关职业领域工作的需求。同时，职业院校还应在灵活的市场变化中，有计划、有目的地对行业和企业发展趋势进行预判，在教学内容中巧妙地融入新技术、新元素和相应专业技术领域职业资格培训内容，融“做、学、教”为一体，强化对学生能力的培养。

4. 师资队伍

师资队伍建设是专业建设的核心内容。职业本科教育专业的师资队伍应具备“双师”型、“拥有一定的企业工作经历”、专兼职教师比例合理等特点。因此，各高校应在提高教师的“双师”素质方面下功夫，给教师提供去企业实践锻炼的机会，这是职业本科教育高等院校专业建设的重点工作。另外，师资团队要不断吸纳新鲜血液，补充来自行业和企业的技术骨干，提高行业、企业兼职教师的聘用比例。行业、企业兼职教师积极参与教学，既能够将生产现场的新知识、新工艺、新方法融入专业建设与改革中，也能够达到培养学生职业能力和职业素养的要求。

5. 条件保障

条件保障建设贯穿于高层次技术技能型人才培养的全过程，是提高技术技能人才培养质量、实现职业本科教育目标的关键环节。因此，条件保障的建设是职业本科教育专业建设一项重要的工作。条件保障并不只是某一方面的内容，它包括人力、财力和物力支持。对于职业本科教育高等学校而言，校内外实习基地建设和校企合作是一种物化有形的条件保障，能够有效地保证职业本科教育专业建设的顺利进行。校内外实训基地建设应积极吸纳有关行业、企业参与到学校建设中，主动承担实践教学任务，给学生营造与职业技术岗位“零距离”接触的职业学习氛围，不断丰富和完善职业技能培训、技能鉴定和职业资格认证等。校企合作需要学校紧紧依托行业、企业，加强与产业合作的联系，建立起“学校—行业—学生”的校企合作共同体，明晰各自承担的任务和职能，为学生能够了解企业实际、感受企业发展提供一系列的条件保障，从而达到培养学生实际操作技能和实际职业素养的目的。条件保障的建设，不仅能够为学生提供学习所需，而且是专业建设能够顺利实施的支撑力量。

（二）职业本科教育专业建设的实践特征

职业本科教育专业建设是一个庞大的系统工程，在解读和明晰职业本科教育专业建设的内涵要素之后，还需要继续探讨职业本科教育在专业建设发展过程中显现的实践特征。

1. 前瞻性

职业本科教育专业建设作为职业本科高等院校与社会产业结构直接的联结点，要做到专业精准对接产业，提高职业本科教育服务地方性、区域性的能力，就必须考虑到专业建设的前瞻性。专业培养的人才一般需要几年甚至更长的时间，这就需要在专业建设过程中，不仅要考虑到满足当前产业对人才的需求，更要顺应未来产业的发展趋势。具有前瞻性的本科专业，在一定程度上应含有较高的科技含量和具有强大生命力，它们能够主动地适应新技术、新工艺以及新材料的发展需求，尽快融入建设现代职业教育体系的潮流。对于本科层次职业学校而言，建设一批紧缺、具有前瞻性的专业，可能存在前期投入较多、成本高和收益相对迟缓等问题。但职业本科教育高等学校通过不断强化专业风格和职业特色，在长期的办学实践中逐渐形成一批具有较强竞争优势的成熟专业，就某种程度而言，能够更好地适应未来产业结构的变化和更新。

2. 灵活性

职业本科教育专业建设的根本目的就是要培养复合型和创新型相统一的高层次技术技能型人才。知识经济时代，随着科学技术发展和职业岗位要求日趋复杂，单一的工作能力解决不了大多数工作过程中产生的复杂问题，这就需要培养新型的高级技术技能专业型人才。因此，职业本科教育专业建设在具有前瞻性的前提下，还应该具有一定的灵活性。面对社会发展和市场需求对人才的供需变化，高校能够敏锐感知未来社会对人才的发展需求，及时进行教学改革，培养学生形成各种相互交叉和相互渗透的综合能力，在实践中转化为现实生产力，让新型的工作者灵活面对复杂多变的生产环境，巧妙解决复杂工作环境中产生的实际问题，以便更好地适应时代发展的需要。

3. 技术性

技术性是职业本科教育专业建设的重要实践特征。职业本科教育专业建设体现“技术性”的实践特征，以技术需求为导向，直接对接产业岗位需求，以培养具有高新技术含量和专业实践能力的高层次技术技能型人才。随着企业对高层次职业人才需求的不断增加，要求职业本科教育高校在学生准备进入工作岗位之前，就培养学生具备职业和专业相统一的能力，并高度重视和帮助学生养成职业可持续发展能力。相对于普通本科教育而言，职业本科教育提供的课程教学内容在理论和深刻性上来说相对薄弱一些。假设职业本科教育在专业建设上效仿普通本科教育，那么职业本科教育的技术优势就很难显现出来。因此，职业本科教育的专业建设应调整和优化传统专业，开设带有高新技术的专业，以便帮助学生在毕业后拥有一技之长，在所工作和学习的专业领域内能够自主开展实践创新、新技术研发和技术成果转化工作。

第三节　职业本科教育的内涵要义

通过学习和梳理国外学者对“本科高职”的内涵探究，再结合笔者的看法，本书所理解的职业本科教育是建立在中职、高职层次基础上的本科层次的职业教育。它是一种以职业教育就业目标为引导，以职业素质教育为基础，以职业能力培养作为抓手，将第一课堂的室内教学与第二课堂的课外实践操作结合起来，充分培养学生实践性的职业性教育。职业本科教育并不是专科高职的简单延伸，也不是普通本科教育的复制粘贴，它有着不同于普通本科也区别于专科高职的独特内涵。对于职业本科自身内涵的具体理解，可以从职业本科教育的人才培养目标、类型定位以及层次定位方面进行阐释。

一、职业本科教育的人才培养目标

人才培养目标是指：以人的发展现状和社会发展需求为基础，对人才培养的应然价值做出的理性判断。职业本科教育的人才培养目标归根到底既需要满足人自身的发展需要，也需要满足社会发展的需要。

从人自身发展需求来看：由于我国职业教育长期未突破本科层次的阻碍，以及对职业教育的偏见，导致国内能达到本科层次水平的学生均只能进入普通高校接受教育。政策体制的缺陷限制了学生选择职业教育的自由。

一直以来，单一的高等教育形式不仅让人们忘记了职业教育存在的意义，也忽视了高等教育大众化的需求。职业本科教育作为高等教育中的一种教育类型，它在丰富高等教育形式的同时，也为职业学校的学生拓宽了学习的天地。总而言之，职业本科教育既能满足人们对更高层次职业教育的追求，也能满足人们接受不同类型教育的需求。

从社会发展需要看：经济的飞速发展不断推动着工业现代化和知识现代化的前进，20 世纪 90 年代联合国首次提出“知识经济”的概念，所谓知识经济，也被称作“智能经济”，就是将知识作为重要的生产要素，这也是宋代赵恒说的“书中自有黄金屋”。目前，我国已经迎来了知识经济时代，我国经济的主要产业已经变成了以知识、信息和人力资源开发为动力的高新技术产业，产业的革新会影响人才需求结构的变化。因此，培养一批既懂技术应用又懂技术创新的高素质技能型人才成为发展高新技术产业的迫切需求。专科层次职业教育的培养规格满足不了目前社会的客观需求，它培养的大多是技术操作员，主要针对岗位的实际操作，不需要具备技术管理、技术咨询等能力。职业本科作为更高层次的职业教育，它的出现缓解了社会对高素质技能型人才紧缺的压力，因为它的目的是培养理论知识过硬，实践操作本领更强的技术人才。综上，现代社会既需要懂知识的学术理论型人才，更需要懂操作的技术技能型人才，相应地，教育也必须提供类型不同、层次多样的社会所需人才，即以理论为主的普通教育类型和以技能为主的职业教育类型。

二、职业本科教育的类型定位

（一）国际教育标准分类对职业本科教育的类型定位

长期以来，职业教育和高等教育的混淆导致我国职业教育定位不清、发展路径模糊、发展空间狭隘。对职业教育和高等教育关系的错误理解，也混淆了教育类型和教育层次的概念，因此，厘清职业教育和高等教育的关系是准确定位职业本科教育类型的关键。

1976 年，联合国教科文组织根据多个国家的教育发展实际和教育发展现状制定了《国际教育标准分类法》（ISCED），其目的是指使各参与国能在国际范围内进行教育交流和教育比较。21 世纪以来，经济全球化导致教育走上国际化道路，教育国际交流与跨国合作的力度越来越强，教育国际化使得全世界范围内的教育都发生了较大变化。为了顺应教育交流越来越频繁带来的变化，联合国教科文组织对国际教育标准分类方式进行了再次修订。新修订的教育分类法由并行的教育课程等级和受教育程度等级两个编码系统构成，将教育分为 9 个不同的等级，其中高等教育分类四个等级，分别是短线高等教育、学士或等同、硕士或等同、博士或等同，具体分类详见表 1.1。该分类法将课程教育分为普通教育和职业教育两大类，明确了职业教育和普通教育的定位，准确地说明了职业教育同普通教育一样都是各层级贯通的教育类型。

表 1.1 《国际教育标准分类法》编码系统

《国际教育标准分类法》教育课程（ISCDE–P）		《国际教育标准分类法》受教育程度（ISCDE–A）	
0	早期儿童教育	0	低于初等
1	初等	1	小学教育
2	初级中等	2	初中教育
3	高级中等	3	高中教育
4	中等后非高等教育	4	中等后非高等教育
5	短线高等教育	5	短期高等教育
6	学士或等同	6	学士或等同
7	硕士或等同	7	硕士或等同
8	博士或等同	8	博士或等同
9	别处未分类	9	别处未分类

注:第一个数字—等级

（二）职业本科教育与普通本科教育的类型区别

从本质上来说，职业本科与普通本科最大的区别在于类型不同，这是人才培养目标差异所导致的，具体差异表现在以下几个方面：

第一，教育观念不同，教育观念是指关于教育方法的观念，也就是人们所追求的教育理想，只是建立这种教育理想的基础是遵循教育发展规律。教育实践的中心点就是教育观念，教育观念能在某种程度上决定教育实践的形式。因此，教育观念从某种程度上反映了教育的本质与特点，也明确了“办什么教育”和“如何办教育”等问题。职业本科教育作为职业教育与实践教育的结合，其主要培养学生的职业性和对某种职业岗位的适应性，它将社会和企业所需要的“职业人”作为培养标准，在提升学生对技术知识的掌握时，主要培养学生的实践操作能力和职业技术能力。因此，职业本科院校不太注重知识体系的系统性和完整性，它更强调如何运用职业知识解决技能问题。与职业本科教育不同的是普通本科教育实施的是学术教育与理论教育。它是以理论知识为抓手，以学科理论体系框架为基础，对专业设置、课程建设以及教学安排进行合理设置。它更强调知识的逻辑性和系统性，主要培养学生对知识本身的理解和掌握，以及对世界的认知和理会。总而言之，普通教育主要解决的是关于“what”和“why”的问题。

第二，人才培养模式不同，人才培养模式就是人才培养目标，它是学校在一定办学条件下为学生制订的学习知识的计划以及实现该目标的方式，它从根本上规定了人才特征，也集中体现了教育观念。从专业设置而言：

职业本科的专业设置较为灵活多变，从形式上来说更前卫更新颖，因为它主要是根据社会和企业的需求来设置专业。普通本科的专业设置是按照学科知识体系设置，所以它的理论性和学术性更强，相比职业本科而言更具有稳定性。

第三，专业教师队伍不同，职业本科院校“双师型”教师占比较大且兼职教师数量较多，职业本科院校教师的来源有高校、企业和社会。普通本科学校强调教师的学术能力，所以以理论型教师为主导，社会兼职教师较少。

三、职业本科教育的层次定位

（一）职业教育人才培养层次上移

二战后，第三次科技革命让部分发达国家和地区认识到，推动生产力发展的第一要素就是科学技术，而科学和技术的紧密结合，就要求必须提高劳动者的劳动素质和劳动手段，以此提高劳动生产率，促进经济发展。因此，如何快速拥有一批掌握新技术、新技能的专业技术人员成为亟待解决的新问题。高等教育在促进国家或地区经济发展上发挥着巨大的作用，为加大教育对经济的推动力，许多发达国家和地区决定加大对专门技术人才的培养，因此对教育进行了大幅改革和调整，将本科层次职业教育作为经济快速发展的重要法宝。虽然各国对职业本科教育的表述不尽相同，但其内涵都是培养一线高素质技能人才，比如德国应用科技大学、英国多科技术大学，以及美国社区学院等，根据这些学校的定位以及人才培养目标的判断，可以看到其与我国职业本科教育的概念基本一致，都属于职业教育轨道中的本科层次。国际职业教育发展的重要方向就是职业教育人才培养层次上移，这种趋势不仅顺应了职业教育自身发展规律，也是社会经济发展到一定阶段的必然产物，其发展不以任何主观意志为转移。21世纪以来，我国对职业本科教育的探索规模不断扩大，从2014年的试点工作开始到现在已有32所职业本科院校，截至2022年6月，职业本科在校生约13万人，已经积累了一定的职业本科教育办学经验。我国经济的快速发展要求不断扩大职业教育层次上移的规模，这是符合国际职业教育发展规律的。

（二）本科层次职业教育与专科层次职业教育的区别

职业本科教育与职业专科教育最大的不同就是教育层次，二者属于高等教育中同类型但不同层次的教育。教育层次直接影响学生的学习技能，职业教育本身就是对学生实践技能和职业素养的培养，而层次的不同肯定会在课程内容、技能要求等方面有较大的差异。比如本科层次职业教育对学生的学习能力有更高的要求，它们将面对更复杂更多变的生产环境，除了拥有较高的实践操作能力之外，还需要拥有更深厚的复合职业知识，以此培养学生技术创新能力。专科层次职业教育是让学生更快地掌握社会和企业对高级技术人才在实践操作技能方面的需求，以此来应对社会对技能人才短缺的问题。二者除了在层次与技能上有较大差别之外，在培养方式上也大有不同，具体表现为以下几个方面：

第一，专业设置。本科层次职业教育为了更有效地连接专科层次职业教育，必须扩大专业口径，以此满足部分职业岗位变动的需要。因此，在专业设置口径上，专科层次职业教育要略小于本科层次职业教育。由于社会和企业对职业岗位在本科层次和专科层次上的需求有所不同，而本科层次职业教育培育的专业技术人员需要更强的创新能力、适应能力以及可持续发展能力。这种能力在专业设置上的表现就是覆盖面更广，涉及职业领域更多。

第二，课程建设。本科层次职业教育主要培养的是能灵活运用综合知识解决生产实际中出现复杂问题的技术人员，因此课程建设在理论知识上讲究逻辑性与系统性，在实践操作上注重创新性与变革性。专科层次职业教育的课程建设主要围绕某一职业需要进行课程编排，这种课程建设的目标性较强，但由于专科层次的限制，导致课程内容较为基础。

第三，教育教学。本科层次职业教育在强调实践操作的基础上，还关注学生理论知识的学习情况。如何把理论教学与实践教学进行有效结合，是本科层次职业教育应该思考的问题，因为，本科层次职业教育培养的是能适应岗位群的技术人员，而不是满足特定岗位的需求，这不仅需要提升综合技能培养的能力，还需要在教育教学上提高理论教学水平，教会学生如何用理论知识解决实践中的技术问题。与之相反，专科层次职业教育则更注重学生的实践操作能力，也就是实践教学，因为它们主要适应特定岗位的需求，对综合知识的要求没有那么高。

第四节　发展职业本科教育的理论依据

（一）多元智能理论

我国早期职业教育家黄炎培认为，实践操作能力和实际生产能力是职业教育最大的实践点，因此，在培育学生的过程中要特别重视学生的做学合一，也就是在实际工作中将理论知识与操作技能结合的能力，不同专业的结合能力是存在差异的，所以，学生可以根据自己的爱好和特长选择自己想学的专业，这有利于学生对专业技能的掌握。该思想与多元智能提出的尊重差异、注重因材施教的思想相契合。传统学校“唯成绩论”的单一评价方式，抑制了学生其他智能的发展，多元智能理论根据学生智能发展的差异性认为，不存在统一的评价方式，对学生的评价应该是多元的、具有差异的。除此之外，多元智能理论中不同智能的发展方向也有助于清晰指出学生的职业发展方向。因此，职业本科教育要在充分掌握学生的实际基础上，开设合理的教学方式和科学的评价机制，让不同的学生都有机会展示自己的优势和特长，以此增强职业教育学习的信心和动力。多元智能理论的提出逐渐改变了人们歧视职业教育的想法和观点，对职业教育的发展，尤其是职业本科教育的开展具有重要指导意义。

最早提出多元智能理论的是美国心理学家霍华德·加德纳，他认为人的智能不是单一的一种存在，而是多元的，其认为每个独立的个体至少拥有相对独立的八种智能，这八种智能是：语言智能、逻辑—数学智能、身体运动智能、音乐智能、空间智能、内省智能、人际关系智能、自然认知智能。加德纳认为这八种智能在每个人身上的表现程度和表现形式都是不一样的，不同形式和不同程度的组合使得每个人的智能都不尽相同，同一智能的表现形式也存在差异。多元智能理论揭示了个体认识的多元性，以此为基础，加德纳提出：学校的建设和发展要以个体为中心，教育要最大限度地反映学生个体的差异，针对个体差异进行不同的教育，这种教育才能取得最大的成功。由此可以看到，多元智能理论的重要成就并不是明确了多少项智能理论，而是强调了个体与个人之间的差异性和多样性。多元智能理论的提出为西方学校多元化建设和发展提供了强有力的支持，而该理论的提出也与我国素质教育中所倡导的“德智体美劳”全面发展的思想一致。多元智能理论指出教育目的主要是开发学生的潜能，让学生获得满意的发展，这与我国人才强国战略提出的发展目标一致。

（二）终身教育理论

早在20世纪60年代，法国教育家保罗·朗格让就在其著作《终身教育导论》中提出了“终身教育”的思想。他认为终身教育思想是指：不仅要让人学会学习，还要逐渐养成良好的学习习惯，学校教育只是教育的一部分，它不能代表人接受教育的全过程，真正的教育不是阶段性的，而是在人的一生中持续进行的。其认为传统分段式教育思想和分段式教育制度无法满足经济社会快速发展的需求，更不能在不同教育类型之间起到衔接作用。

终身教育思想作为一种更加融合的新型教育，它不以年龄和人群作区分，能够为更多人提供学习的机会，能够在人们需要的时候，以最好的方式提供必要的知识和技能。

经济的发展和科技的进步，使社会出现了新的职业和新的岗位，这就要求职业教育的发展必须紧跟时代发展的步伐，必须在发展职业教育的同时树立终身教育的思想，避免在知识经济的大环境中出现培养人才与社会环境不适的现象。通过相关文献可以发现，部分发达国家和地区已经通过法律的手段来保障终身教育的实施，这充分说明终身教育理念适应目前社会发展状况。当前，我国普通教育已经形成了从幼儿教育到研究生教育的层次结构，总体而言，是比较完整的终身教育体系。但职业教育由于发展起步晚等问题，现在尚未产生完整的终身教育体系。为促进职业教育体系终身化，教育部在21世纪初指出应逐渐完善高层次应用型人才培养体系，畅通职业技术人才成长成才通道。依据终身教育发展理论，职业本科教育不仅是职业教育体系建设中的重要组成部分，也是终身教育体系建设的重要基石。因此，终身教育理念可以很好地指导职业本科教育的发展，增强不同类型教育的吸引力，促进高等教育多样化发展。

第二章　职业本科高校教育教学方法概述

职业本科教育是中国高等教育体系中的一个重要组成部分，也是高等教育与职业教育相结合的一种新型教育模式。为积极推进职业本科教育高质量发展，我们需要探索适合职业本科教育的教学方法，不断提高教学质量和教学效果。本章将从职业本科教育的特点出发，介绍一些适用于职业本科教育的教学方法，以及推进职业本科教育高质量发展的相关措施和建议。相信通过本章的学习，我们可以更好地了解职业本科教育教学方法的概述，同时也能够更好地把握职业本科教育的发展方向，以促进职业本科教育更好地为社会经济发展服务。

第一节　职业本科教育教学方法

一、教学方法的概念

教学方法的概念十分复杂，为了弄清楚教学方法的概念必须首先明晰什么是"方法"？什么是"教学"？"方法"一词最早出现在我国古代，指人们为了有效办事而遵守的途径与路线。后来"方法"一词被人们广泛使用，多指为了实现某目标而采取各种行为方式的总和。所谓教学是众多教育活动形式中的一种，教师根据教学目的是引导学生逐步掌握相关知识与技能的活动，由教师教的活动与学生学的活动构成。

因为学者间的生活经历、文化背景、思维逻辑等方面的差异，导致目前关于教学方法的概念不尽相同，但具有代表性的主要有以下几种。如弗·鲍良克将教学方法理解为教学的工作方法，而教学是师生双方的双边活动，因此，教学方法既包括教师的工作方法又包括学生的工作方法。巴班斯基认为教学方法是教师与学生为完成教育与发展的任务而开展的理论与实践活动的方法。王道俊、郭文安认为教学方法是师生双方为了完成教学任务而采用的方法，是教师引导学生掌握知识、技能获得身心发展而共同活动的方法，包括教师的教的方法和学生学的方法。李秉德认为教学方法是师生双方在教学过程中为完成教学任务与实现教学目的,运用各种相互联系相互活动的方法的总称。结合上述关于教学学方法的界定，究竟哪一种更加完善全面呢？笔者个人以为上述关于教学方法的概念各有千秋，既有其合理部分如看到了教学方法中包含教与学主体双方、看到了教学的活动性等，也有不足地方如过于重视教学目的、重视教学任务等，被教学任务与教学目的束缚。

学生的学习方法的主要形式有两种：教师讲授与自学，教师讲授是指在教师的引导下学生自主开展学习活动，自学指学生自己引导自己开展学习活动，而结合上述教学方法的定义学生自学显然是不能归纳到教学方法范畴中。

当前随着国家以及社会对高素质创新型人才的呼唤高校教学方法应重视从“教师如何教知识与技能”转向与“教师怎样教学生如何学习”，越发凸显学生的主体性。教学重心的转变导致教学方法的转换。在某种意义上现行的教学方法更加重视教师教的方法即教师引导学生学习的方法。由此，本研究认为的教学方法是指在高校教师的引导与帮助下，学生自主认识人类已有知识成就与进行科学思维与探索的方法，由教师“教”的方法与学生“学”的方法构成。

二、课堂教学方法

1. 课堂教学的概念

为了弄清楚什么是课堂教学方法，首先要弄清楚什么是课堂教学？关于课堂教学国内有两种不同理解，第一种，认为课堂教学是教学的一种组织形式。课堂教学与个别教学相对与班级授课类似。第二种，认为课堂教学是众多教学活动的一种。课堂教学与课外活动相对与课堂上课这种活动类似。本书的课堂教学定义采用第一种理解，即课堂教学作为教学组织形式的一种，其主要表现形式是班级授课，指相对固定的师生在相对确定的空间与时间中，为了完成教学任务实现教学目标，依据教学内容而开展教学活动。

2. 课堂教学方法的概念

立足于上述关于“教学”“方法”“教学方法”“课堂教学”等概念的阐述，本书的课堂教学方法是指师生在相对固定的时间与空间中，围绕教学内容与教学目标在教师的引导与帮助下，学生自主探索相关知识与技能以及进行科学思维的方法。主要由“教师的教法”与“学生的学法”两部分构成。

第二节 推进职业本科教育高质量发展

一、职业本科教育发展背景

在高质量发展背景下，为提升高职院校职业教育水平，2014 年，国务院《关于加快发展现代职业教育的决定》首次提出要“探索发展职业本科教育，并要求职业本科教育的学生要达到一定规模”。之后，教育部等六部委印发《现代职业教育体系建设规划（2014—2020 年）》，分析了发展职业本科教育的重要性，提出大力培养本科层次职业人才的战略目标。2015 年 11 月，教育部颁布《高等职业教育创新发展行动计划（2015—2018 年）》，提出要探索职业本科教育培养模式，全方位提升高等职业教育发展质量。同年，教育部等联合提出试点要求，各地方高校紧密结合院校实际，积极摸索职业本科教育办学模式。其中，独立学院在“转设改制”的浪潮下，越来越多的独立学院逐渐与“母体”相脱离进而转设为本科层次的职业技术大学。在国家和各地方高校的共同努力下，江苏、上海、浙江等发达地区职业本科教育发展取得良好成效。2018 年起，教育部积极推动越来越多的独立学院实现转设，转设工作力度加大。2019 年，国家对职业本科教育的建设作出了一系列部署和安排，《国家职业教育改革实施方案》提出要将专业建设摆到中心任务的位置，继续推进中国高等职业教育高质量发展。同年，教育部、财政部发布《关于实施中国特色高水平高职学校和专业建设计划的意见》并提出了“双高计划”，改计划明确要求要建设 50 所左右高水平高职学校和 150 个左右高水平专业群。5 月和 12 月，教育部先后共批准 22 所高职学校升格为本科职业教育高等院校，陆续开展职业本科教育试点。我国职业本科教育专业建设在试点实践过程中不断得到了深化和提升。2020 年 5 月，教育部发布《关于加快推进独立学院转设工作的实施方案》，大力支持将独立学院与职业技术学院等联合转设为本科层次的职业技术大学。9 月下旬，教育部等九部门联合印发《职业教育提质培优行动计划（2020—2023 年）》，通知进一步强调将高质量发展职业教育作为改革发展高等职业教育的重要任务，积极推动健全现代职业教育体系。2021 年，《职业教育专业目录（2021 年）》，规定高等职业院校可以按照院校实际需求和办学特点，有权自主设置和调整相关专业。这一时期，我国高等职业教育从追求发展速度调整到追求高质量发展，将职业教育的重点落实在质量提升方面，进一步加快发展职业本科教育。

二、把握职业本科教育发展新机遇

（一）明确现代职教体系的牵引地位

职业本科教育作为高层次的职业教育，是职业教育发展的风向标，在深化现代职业教育体系建设中发挥着引领和示范作用。《关于深化现代职业教育体系建设改革的意见》进一步强调要“以中等职业学校为基础、高职专科为主体、职业本科为牵引”，清晰勾勒了现代职业教育体系中学校体系的基本组成和定位。相对于中职学校的“基础”定位，以及高职专科的“主体”定位，这是首次提出职业本科教育的“牵引”定位。作为职业本科学校，要充分认识“牵引”的内涵。据《新华词典》，“牵引”原意为“装有动力的车（船）对联挂的无动力的车（船）进行的拖动运行”。根据这个释义，“牵引”的定位突出强调了职业本科教育在现代职业教育体系建设中的“动力源”作用。结合《关于深化现代职业教育体系建设改革的意见》要求，若要发挥好职业本科教育的牵引作用，至少需要做好以下两个方面：一方面，要沿着“稳步发展职业本科教育”的总基调，高标准把好学校和专业入口关，高水平强化工学结合人才培养过程，以高质量的技术技能人才赢得行业企业的认可；另一方面，也要做好职业教育贯通培养的表率，主动与高职专科和中职学校开展体系内的衔接培养，打通技术技能人才学历成长通道。

（二）突出教育协同创新的关键环节

职业教育、高等教育、继续教育都是直接为经济社会发展提供人才的教育类型，在为国家供给多样化人才方面发挥着重要支撑作用。如果运用系统性思维将三类教育统筹考虑、系统设计、配合推进，必将发挥出“1+1+1>3”的协同效应。《关于深化现代职业教育体系建设改革的意见》作为教育领域落实党的二十大精神的首个文件，以“深化现代职业教育体系改革”为突破口，旨在深入推进“统筹职业教育、高等教育、继续教育协同创新”。一方面，职业本科教育是教育链、人才链的关键一环。《关于深化现代职业教育体系建设改革的意见》强调“延伸教育链、服务产业链、支撑供应链、打造人才链、提升价值链”，为深化教育供给侧结构性改革提供了主攻方向。职业本科教育补齐了职业教育的本科层次，对上可进一步衔接高水平大学，对下可深化与高职专科和中职学校合作，成为“延伸教育链”的黏合剂，发挥着不可替代的重要作用。职业本科教育重在培养适应高端产业、产业高端需要的高层次技术技能型人才，在企业中承担着衔接工程师和一线技术技能人员的重要任务，成为“打造人才链”的关键点，发挥着承上启下的重要作用。另一方面，职业本科教育是职业教育、高等教育、继续教育的交汇点。职业本科教育是职业教育的本科层次，是本科教育的职业类型，也是继续教育的重要承载主体。稳步发展职业本科教育是统筹“三教”协同创新的应有之义，做好“三教”协同创新从职业本科教育率先切入是必然要求。

（三）拓展推进“三融”的发展空间

职业本科教育是教育内部需求和社会外部需要共同作用的结果，又以教育外部需求最为突出。办好职业本科教育，也必须运用“跳出”的思维模式，在教育体系内部和经济社会发展中开辟新的空间。一方面，职业本科教育是深化“职普融通”、拓展学生成长成才空间的重要途径。《关于深化现代职业教育体系建设改革的意见》强调“以推动职普融通为关键”“拓宽学生成长成才通道”。实践证明，职业本科教育打破了职业教育专科学历“天花板”，吸引了更多有志于、有潜力从事技术技能工作的普通高中毕业生，使职业教育不再是“被动选择”而是“主动争取”。同时，不少职业本科学校正在扩大面向基础教育的合作交流，将学校打造成中小学教育的职业体验中心，并加强与普通高等教育的融通，在课程开发、学分互认、学生交流等方面推进深度合作，成为“职普融通”新亮点。另一方面，职业本科教育也是产教融合、科教融汇的重要主体。《关于深化现代职业教育体系建设改革的意见》强调，“以深化产教融合为重点”“以科教融汇为新方向”。职业本科教育作为与经济产业结合最紧密的高等教育类型，具有跨越产业与教育、科技、人才，链接普通教育与职业教育的独特优势，应该为教育优先发展、科技自立自强、人才引领驱动做出新的更大贡献。因此，要打开视野、拓宽思路，主动与不同教育要素开放重组、与各类产业要素和创新要素互动融合。

三、推进职业本科教育高质量发展

职业本科学校要深入贯彻落实《关于深化现代职业教育体系建设改革的意见》对职业本科教育“牵引”作用的新定位，切实扛起新责任新使命，在构建高质量教育体系、服务经济社会发展中更好地发挥作用，努力找准“三个定位”、做好“三个坚持”。

（一）坚持面向市场、服务发展

要瞄准国家战略发展需要和学生高质量就业、实现全面发展的需要，围绕职业岗位群能力要求，与行业领军企业、“专精特新”企业等深化产教融合、校企合作、工学结合，建构教学内容、设计培养模式、配备双师队伍，让学生真正获得就业能力、提升发展自信、积蓄发展能量，为实体经济转型升级、经济社会高质量发展持续提供有力的人才支撑。

（二）坚持聚焦一线、协同发展

要将学校有机嵌入“教育链服务产业链”的大局中，明确战略方位，强化与其他类型高校的合作。坚持立足“教育链服务产业链”第一线，瞄准一线技术升级、工艺改进的实际问题，发挥不同层次高校技术协同攻关合力，促进教育链、人才链、产业链、创新链深度融合。

（三）坚持担当责任、引领发展

要勇担引领职业教育改革发展的光荣使命，当好职业本科教育高质量发展“样板”，推出可复制、可推广、可借鉴的标准范式，以卓越的建设成果引领职业教育改革创新，提升服务实体经济发展的贡献度，提高职业教育社会认可度和吸引力，带动职业本科教育高质量发展。

第三章 职业本科教育人才培养目标

我国的职业教育经历了40年的改革与发展，至今仍未形成具有本国特色且被国民认可的现代职业教育体系。随着我国国内经济的转型发展，对人才提出了更高的要求，职业本科教育作为高等教育体系中与经济发展联系较为密切的一支，其人才培养目标更应彰显特色，与时俱进。

第一节 职业本科教育人才培养

一、职业本科教育人才培养的背景

（一）国家政策对职业本科教育发展的重视

在我国，职业本科教育仍属于新兴事物，为了保护和促进其发展，我国出台了诸多政策。2014年6月，教育部联合国家发改委等六个部门颁布《现代职业教育体系建设规划（2014—2020年）》，首次明确要发展职业本科教育，要求在办好现有专科层次高等职业学校的基础上，培养本科层次职业人才，职业本科教育要达到一定规模。5年后，国家开展职业本科教育试点，国务院在2019年印发了《国家职业教育改革实施方案》，有关部门便按照要求开始进行职业本科教育试点，先后在22所职业大学开展试点工作，其目标是建成覆盖大部分行业领域、具有国际先进水平的中国职业教育标准体系。在职业本科教育的质量保障上，2021年10月，中共中央办公厅、国务院办公厅印发了《关于推动现代职业教育高质量发展的意见》（以下简称《意见》），指出："职业本科教育招生规模不低于高等职业教育招生规模的10%，职业教育吸引力和培养质量要显著提高。"在学位体系上，2021年12月8日发布的《关于做好本科层次职业学校学士学位授权与授予工作的意见》中提出：将职业本科纳入现有学士学位工作体系，按学科门类授予学士学位，学士学位证书格式一致。稳固了职业本科教育的地位。众多政策表明，国家重视职业本科教育的发展，并希望职业本科教育的发展成规模、成体系。

（二）高等教育对职业本科教育体系完善的需要

当前我国高等教育已处于普及化的发展阶段，在普及化的发展过程中，高等教育领域的大规模扩招使其教育投入与扩张规模出现了失衡现象，因此便会出现教育资源短缺、资源利用率低等不健康的教育发展现象。

面对高等教育普及化过程中教育资源失衡的现象，职业本科教育作为高等教育中的重要一支，可以通过校企合作、产教融合的方式来提高高等教育资源的利用率。然而，职业本科教育作为高等教育领域的新兴事物，其发展还存在诸多矛盾，发展方向也模糊不清，发展体系尚未完善。面对这些问题，加之要缓解高等教育普及化阶段下教育失衡的现状，重视并发展职业本科教育可达到双赢的效果。因此，研究职业本科教育及其人才培养目标，不仅可以完善职业本科教育体系，还能缓解高等教育普及化阶段教育资源失衡的现状，是当前现实而又重要的命题。

（三）经济转型对职业本科人才培养目标的新要求

当前，我国社会经济的发展进入转型时期，传统产业不断进行优化升级，高新技术产业占比越来越重，经济发展方式也由原来的高速增长阶段向高质量发展阶段转型，产业在升级转型的同时，无形间就会增加对高层次人才的需求。与此同时，《职业技能提升行动方案（2019—2021 年）》中明确要求我国技能劳动者在就业人员总数中的占比在 2021 年年末要达到 25% 以上，高技能人才在技能劳动者总数中的占比要达到 30% 以上，在此目标设定上，我国仍与发达国家有较大差距，为了缩小差距再加上政策方针上的要求，我们需对高技能人才培养加以重视。在这样的市场背景及政策要求下，为了适应当前高等教育领域发展的需要，人才培养方案亦需根据实际情况进行相应的调整和优化。在职业本科教育方面，不能仅仅限制在专科层次，而应该提升至本科层次以满足人才市场对高素质人才的需求。

此外，伴随着经济的高质量发展，人们的生活质量不断提高，基于实现个人自身价值的需求，人们对教育的要求会不断提高，人们越来越愿意追求更高层次的教育，获取更高层次的职业技能。随着时代的发展，过去单一的职业技能已无法应对复杂多变的职业需求，为了在当代社会中更好地提升个人的人生价值，越来越多的人对高层次的职业教育提出了极强烈的需求。由此，为满足社会发展和大众的需求，培养高层次技术应用型人才，提升职业教育学历层次，发展职业本科教育成为必然之举，这也要求我们需进一步明确职业本科教育的人才培养目标，为培养高层次技能人才提供参照标准。

国内政策的推动，职业本科教育体系完善的需要以及经济发展对高层次人才的需求，发展职业本科教育已成为大势所趋。然而，职业本科教育作为一个新兴事物，其在发展过程中也面临着重重阻碍，解决问题的方法在于找出问题的根源，人才培养目标贯穿职业本科教育发展的全过程，明确人才培养目标对职业本科教育具有指导意义。因此，实现职业本科教育的健康、可持续发展，明确人才培养目标是重要路径之一。

第二节 职业本科教育人才培养目标定位的依据与应然方向

一、我国职业本科教育人才培养目标定位的依据

（一）依据国家政策方针方向

职业本科教育作为我国高等教育以及职业教育领域中的重要组成部分，职业本科教育的发展以及学校人才培养目标的制定都离不开国家政策方针的引导，在总的方向上不能偏离国家政策要求。

2019年印发的《国家职业教育改革实施方案》（也称“职教20条”），有关部门便按照要求开展职业本科教育试点工作，先后开办了22所职业试点大学，其主要目的是完善覆盖大部分行业领域、具有国际先进水平的中国职业教育标准体系。之后，教育部门又颁发了《职业教育提质培优行动计划（2020—2023年）》，

此计划是对“职教20条”的进一步梳理，明确指出：“把发展职业本科教育作为完善现代职业教育体系的关键一环，培养高素质创新型技术技能人才。”《关于做好本科层次职业学校学士学位授权与授予工作的意见》明确了普通本科和职业本科都按照《中华人民共和国学位条例》《中华人民共和国学位条例暂行实施办法》《学士学位授权与授予管理办法》进行学士学位授权、授予、管理和质量监督；在证书效用方面，两者价值等同，在就业、考研、考公等方面具有同样的效力。

以上由政府部门下发的文件，也是职业本科院校在制定人才培养目标时最重要的政策依据，例如政策中提到的“培养高素质创新型技术技能人才”“强化职业教育类型特色”，是职业本科大学在制定人才培养目标时的具体方向和政策依据。总之，职业本科大学在制定本院校的人才培养目标时应将国家有关职业本科教育的政策文件作为主要的依据。

（二）依据经济发展对人才的需求

国家推动职业本科教育的快速发展，很大一部分原因是经济结构的转型升级对高层次人才需求增大，需要职业本科教育培养高层次技术技能型人才来填补缺口。对此，职业本科院校对人才培养要具有针对性，需要紧扣社会对人才的需求，积极主动适应经济结构的调整和产业的变革，在市场方面紧跟前沿，以社会经济发展对人才的需求为依据制定人才培养目标，才能有效解决高层次技术人才短缺的问题，所培养出来的人才能有效地覆盖国民经济的各个领域，真正实现人才供给和经济需求的有效结合。

以河南省对职业本科专业的整改为例，自从国家鼓励发展职业本科教育以来，试点院校累计为各行各业培养输送了一批又一批高素质劳动者及技术技能型人才。在2022年，河南省教育厅在《职业教育法》的影响下，发布的《2022年本专科对照及考试科目一览表》中共有14个职教本科专业，如：大数据与财务管理、学前教育、机械设计制造及自动化、网络工程技术、现代物流管理等专业都紧扣社会发展需求，均为国家大力支持及重点发展的专业。

职业本科教育人才培养目标以经济发展对人才的需求“顺势而为”，不仅“识大局”，更能“产红利”，从而为中国产业链、供应链保持强大韧性、行稳致远提供了基础性保障和有生力量。

（三）依据个体发展的现实需要

在高等教育普及化的背景下，接受高等教育相较于过去已经成为一个比较普遍的事情，受教育者不能改变社会的发展趋势，但是可以选择接受教育的方式，以及接受教育的内容。职业本科教育作为高等教育中的重要一支，与以往的职业教育有很大的差别，之前的职业教育属于专科层次，学生在接受过专科教育后还可以选择升本，专升本后学生接受教育的性质就会有所改变，更趋向于普通本科教育，与之前的专科教育并无很大的联系。然而职业本科教育更加强调对于创新能力的掌握，在对人才培养的过程中要充分考虑学生个体自身发展的需要。

在整个教育系统中，学生作为一个独立的个体，是具有独立性和个体差异性的，接受职业本科教育的学生在年龄的划分上应达到17—18周岁，接近于成年或已经成年，该年龄段的学生虽然在思想上会存在不成熟的现象，但是已经具备了独立思考和选择的能力，在关于自身能力的提升和未来的发展规划上都会有自己的想法。此外，学生与学生间是不同的，不同的性格，不同的特长，不同的兴趣爱好，存在个体差异性，所以每个人关于自己的职业发展也都会有不同的想法，再加上社会的进步，经济的发展，学生也会对自己有更高的要求，都希望能够学有所成，成为自己心中最完美的人。

因此，职业本科院校在制定人才培养目标时，也要将学生的想法纳入参考依据，教育本身就是围绕学生进行的活动，若脱离学生本身的想法，培养目标便会成为机械的，其最终的教育结果也不会令人满意。

二、我国职业本科教育人才培养目标定位的应然方向

（一）突出职业教育特色

职业本科教育虽然在本质上与职业专科教育、普通本科教育以及应用型本科教育都有区别，但无论什么层级、什么形式的教育，其最终目标都是人才的培养，突出人才培养特色，使职业本科教育的类型定位更加明确，是实现职业本科教育可持续发展的重要路径之一。

首先，职业本科教育人才培养目标要依据国家政策、地方经济发展以及学生自身发展需求，考虑到问题的方方面面，具有复杂性和多样性。职业本科教育要

想在高等教育领域中异军突起，就必须具有特殊性，其人才培养目标要与时俱进且别具一格，以突出的特色来吸引更多的教育者和受教育者。其次，人才培养目标在突出职业教育特色上要与当地特色相结合，每个地方都有其不同的经济产业支撑。一些职业本科院校盲目跟风，不考虑当地的实际需求而开设所谓的热门专业，培养出来的人才与当地经济发展不匹配，偏离当地经济发展特色或是脱离地方载体，这样的人才培养目标是毫无意义的。所以在人才培养目标的制定上还是要牢牢把握当地的经济发展方向，职业本科教育人才培养目标需要突出当地经济发展特色，做到人才的“供给”与经济的需求相匹配。最后，目前全国试点的职业本科院校共有32所，其中一些学校设置的专业大同小异，尽管如此，我们可以在人才培养上有所差别，面向当地特色，不仅突出了人才培养目标的特色，还可以更好地聚焦地方经济发展对人才的需求。

职业本科教育虽是高等教育领域的新兴事物，尽管有诸多政策为其保驾护航，但是想实现高质量、可持续发展，还是要具备自身特色，在人才培养目标上要有区别于职业专科、普通本科和应用型本科的独到之处，突出职业本科教育特色。

（二）紧扣经济市场需求

在我国的社会经济的发展中，如今的数字经济一马当先，职业本科教育对于人才培养目标的定位也应该紧盯数字技术的前沿，可以主动关注当今走在技术前列的领域，比如人工智能、云计算等。一些试点学校应鼓励学生们能够扎实学习并掌握数字技术，在人才培养目标上应要求学生在某些领域刻苦学习，通过学校质性或量化的考核检验后，学校可为此颁发职业等级证书，赋予学生内生动力，给予学生学习成果上的肯定，也是应聘时其职业能力的一种证明。学校也应该在人才培养目标上要求学生除了参与本校校企合作的实践课程外，主动参与或进入一些社会上的“大厂”去提升自己。例如科大讯飞、华为等国内数字经济领域的“龙头”企业，学生在提前熟悉专业领域的同时，也可以更有效地巩固职业技能，以便能够更好地服务数字化产业。职业本科教育在不断地优化自身的同时，也在源源不断地为社会、为数字经济的发展提供支撑力量。

此外，国家也极其重视生态文明建设，大力鼓励发展生态经济，为人们营造更美好的生活环境。我国加快推行各领域的低碳行动，职业本科教育也应与时俱进，积极参与其中。为了开发绿色技能，职业本科教育应在人才培养目标中融入绿色低碳环保理念。职业本科教育作为职业教育体系中的重要一员，应积极发挥着其促进生态经济发展的作用，为生态经济领域输入人才，提供转化服务。

职业本科教育的人才培养目标不应该是一成不变的，在人才培养目标的制定上要做到“消息灵通，嗅觉灵敏”，能够及时捕捉到社会经济发展的新风向，紧扣市场需求，制定与时俱进的人才培养目标。

（三）致力学生德技兼备

目前，我国的职业本科教育体系正在朝着服务全民终身学习、适应多样化发展需要的方向发展，为个体的多样化发展贡献出突出力量。职业本科教育的进一步发展，丰富了本科教育的层次，也为学生们提供了多样的选择和多路径的成才机会，学习的过程不再是单一的理论学习，学习的地点也不再是单一的教室，有可能是公司或是车间，教授知识的主体也不单一是站在三尺讲台上的老师，可能是经验丰富的技术工人，这些都是为了让学生真正掌握职业本领。总之，职业本科教育为个体的发展开通了除普通本科院校外的另一条通道，提供了更多的选择，学生们直接在企业或者车间里进行学习，由经验丰富、技术精湛的老前辈进行面对面的指导学习，能够积累实践经验，更有利于其职业技能的养成，提升个体实践能力。

但是在职业教育的发展过程中，过于重视学生技术能力的培养，往往会忽略了对学生思想品德的教育。职业本科教育相较于原来的职业教育在层级上有所提升，相应地，学生的道德修养也应只高不低。然而，还是常常会有社会报道通报一些有关职业院校的负面新闻，由此或多或少地会对职业院校或是职业院校的学生产生偏见，这也说明了职业院校在学生思想品德的教育上存在很大的漏洞，亟须引起重视。厚德载物，品德是我们为人处世的基本，职业本科教育不能够“一条腿”走路，其人才的培养也应该是德技兼备的。

总之，职业本科教育是立足于学生向更高层次发展的，学生虽然掌握了较强的职业技能，满足了经济发展的需求，但是学生的个人品质也应该有所提升，高素质也是对职业本科教育人才培养的重要要求。因此，各职业本科院校在制定人才培养目标时，“德技兼备”应是每一个职业本科大学毕业生都应该达到的，这样符合“高素质技术技能型人才”的标准，也可以为以往的职业教育“洗白”。

第三节　国外职业本科教育人才培养目标的经验借鉴

社会经济高速发展下企业对高层次人才需求增多，职业本科教育应运而生，也可以说，职业本科教育是经济高速发展下时代的产物，但是不同国家和地区的经济发展状况不同，相应职业本科教育的产生时间和发展水平也有很大的差异。在众多位于经济发展前列的国家中，德、美、日三国是全球公认的职业教育强国。目前，德国、美国、日本都已经形成了适合本国发展现状的职业教育体系，并且其职业教育的发展模式受到国际大众的一致认可。本节选取德国应用科技大学（FH）、美国社区学院以及日本专门职大学作为主要研究对象，研究其职业本科教育的人才培养目标定位的发展状况，探讨这三个国家具有代表性的职业本科院校在人才培养目标上带给我们的启示。

一、德国应用科技大学人才培养目标

在德国职业教育中，有一种学校被称为“Fachhochschule”，简称 FH，中文翻译过来的意思为“高等专科学校”，这在某种程度上会给人造成误解，认为这是专科类型的学校，但事实上，德国的“FH”对外翻译的是“University of Applied Sciences”，是本科层次的职业教育学校，相当于我们国内的职业本科大学。德国职业本科教育发展的主要载体是应用科技大学，在德国，应用科技大学在高等教育的领域占据重要地位，其发展也有半个世纪之久，对德国应用科技大学人才培养目标进行研究，对我国职业本科教育人才培养目标定位的研究具有借鉴意义。

（一）德国应用科技大学人才培养目标的确立依据

1. 国家法律政策

为了跟上世界的快速变化，让学生受到更好的职业教育，德国在职业教育立法上做出了巨大的努力，其职业教育法律框架再次更新，经济事务和能源部

（BBiG）（《联邦职业教育法》）也正在适应未来。早在18年前，《联邦职业教育法》就进行了修订，以便能够为学员和公司提供成功培训的最佳条件。新的经济事务和能源部（BBiG）于2020年1月1日生效。德国教育部长安娅·卡利切克（Anja Karliczek）说："德国的职业教育是世界上最成功的资格认证体系之一。通过经济事务和能源部（BBiG）修正案，我们将进一步提高它们的吸引力，这确保了我国技术工人的教育培训。职业教育为年轻人提供了良好的发展机会。"

新的《联邦职业教育法》核心要素是加强和进一步发展高学历职业教育培训。在高等职业教育和培训中，有三个级别的进一步培训，这些级别中的每一个都获得统一的学位头衔：认证专业专家、学士专业人士或硕士专业人士，具有吸引力的、国际兼容的学位头衔为职业和学术教育的等效性发出了重要信号，并加强了毕业生的流动性和职业机会。《联邦职业教育法》为职业教育和培训创造了框架条件，它确保了职业教育的高质量发展，并改善了年轻人接受职业教育的机会。总之，此次《联邦职业教育法》的修订，为人才培养朝着更高标准的发展提供了法律保障和依据。

2. 经济发展的需要

二战后，德国经济迅速发展，产业结构升级转型，德国的职业教育急需培养一批适应国家经济发展的高层次技术型人才，各个应用科技大学对于人才的培养也是为了适应当地工业发展特色，满足人才需求。现如今，伴随着经济全球化和科学技术的快速发展，出现了越来越多的新兴产业，这些新兴产业对于员工的要求更高，员工在其工作领域往往会被要求运用多学科、多领域的知识来解决工作生产中的问题，对德国应用科技大学于20世纪90年代就着手在人才培养方面做出相应的调整，更加注重复合型人才的培养，致力于学生的跨学科知识的掌握和思维的培养，以适应经济发展对复合型人才的需求。例如，柏林应用科技大学开设了在线经济工程、建筑与能源技术工程等复合型专业，其培养目标也是要求学生朝着复合型高级工程师方向发展。

3. 国际合作的影响

在国际合作上，《职业教育培训战略与合作》（*Strategie und Zusammenarbeit in der Berufsbildung*）中指出："德国正在向全世界感兴趣的伙伴国家提供其在职业教育双元制方面的专门知识。”在德国，除了联邦教育部以外，其他部委也参与职业教育方面的国际合作：联邦经济合作与发展部（BMZ）、经济事务和能源部（BMWi）、劳工和社会事务部（BMAS）以及联邦外交部（AA）。近年来，国外职业教育主题建议的需求有所增加，为了确保德国职业教育参与者与外国相关方的观念一致，并与德国职业教育国际化的目标一致，自 2013 年以来，德国就已经创建了具体的机构和讨论形式。此外，德国联邦政府还创建了圆桌办公室，建立圆桌会议，由负责职业教育国际化的联邦各部委与商会、协会和工会等其他涉及专题的行动者协调其在国外的活动。受国际化的影响，德国应用技术大学在人才培养上也致力于培养具有国际化视野，面向欧洲的高层次技能型人才，以满足国际发展的需求。

（二）德国应用科技大学人才培养目标的特征分析

德国应用科技大学在人才培养目标的定位上不仅有国家法律政策的保障和支持，更注重与当地地方经济发展紧密结合，例如，慕尼黑应用科技大学最初办学之时，其办学所在区域属于重工业发展基地，因此对人才培养目标的重点就放在机械相关专业，后来因为城市资源枯竭再加上新兴产业的发展对复合型人才的需求越来越多，学校就转变人才培养目标方向，将其人才培养定位于服务高新技术产业的发展。因此，慕尼黑应用科技大学的人才培养目标是十分值得我们研究学习的，此部分选取慕尼黑应用科技大学的部分专业，包括地理信息学、土木工程、建筑、应用科学与机电一体化、计算机科学与数学五个专业在内的人才培养目标进行分析。

表 3.1　慕尼黑应用科技大学部分专业人才培养目标

序号	专业名称	人才培养目标
1	地理信息学	能够使用大地测量技术、计算机视觉和遥感进行3D地理数据采集；参与地理信息系统(GIS)的开发、构建和运营；空间规划、土地管理、城市规划法和房地产估价：参与环境的可持续规划、开发和设计，包括农村发展程序和作为基本地理信息系统的房地产地籍管理。例如，实施房地产估价、土地价值确定、村庄更新、边境法规或参与专家委员会
2	土木工程	学生毕业时拥有“工程学士”，学生将了解土木工程师在工作场所执行的任务。实际安置可以由建筑公司，规划部门，工程办公室，运输公司或其他提供工作经验的合适组织完成，无论是在德国还是在国外

续表

序号	专业名称	人才培养目标
3	建筑	课程的目的是为学生提供针对广泛职业量身定制的以实践为导向的基础教育。课程范围从建筑历史和建筑理论背景，通过美学艺术设计，到建筑的功能、技术、生态、经济和组织方面。除了特定学科的教学外，获得关键资格也是一个宣布的目标。这需要深化和扩大文化和社会能力以及跨学科合作的能力
4	应用科学与机电一体化	机电一体化学士学位课程旨在通过基于科学基础教学的基础培训，使未来的工程师能够在精密机械、机电一体化、光学和医疗技术领域的开发、研究、设计、生产、销售和服务的专业领域独立行动
5	计算机科学与数学	使学生能够在计算机科学专业领域独立应用科学发现和程序，特别是，将传授分析复杂应用领域和计算机系统用户需求的能力，根据最新技术水平设计，采购和实施系统并将其集成到系统环境中的能力

通过对德国慕尼黑应用科技大学这几个专业的人才培养目标的研究，可以看出其人才培养目标的特点主要体现在以下几个方面：

1. 内容严谨详细

从这五个专业的人才培养目标的解读中，每一个目标的制定都紧扣专业内容，并不是泛泛而谈，对于学生毕业后所要从事的工作都进行了详细的描述，在用词上也十分地严谨，整体上就给人目标清晰的感觉，这样在执行起来也会有明确的方向，更有利于学生的职业成长。

2. 注重培养学生解决实际问题的能力

以地理信息学专业的人才培养目标为例，其中就明确地提出了“能够使用大地测量技术、计算机视觉和遥感进行3D地理数据采集；参与地理信息系统（GIS）的开发、构建和运营”，对人才培养的技术能力提出了明确的目标要求，这样的目标要求实际上则是对学生解决实际问题能力的培养。

3. 主张学生跨学科思维的养成

以应用科学与机电一体化专业的人才培养目标为例，它指出“使未来的工程师能够在精密机械，机电一体化，光学和医疗技术领域的开发、研究、设计、生产、销售和服务的专业领域独立行动”。也就是说作为此专业的学生，不仅要掌握本专业的基本技能，还要有生产、销售、服务等领域的意识，成为一个具有多学科思维能力的高层次技术型人才，才是其人才培养的最终目标。

通过对德国的慕尼黑应用科技大学部分专业的人才培养目标的学习和研究，我们可以看到与我国人才培养目标制定的不同之处，从而取长补短，助力我国职业本科教育人才培养目标朝着更完善的方向发展。

二、美国社区学院人才培养目标

（一）美国职业教育的发展背景

美国推崇职业教育终身化，他们认为，不应该将人过早地限定于某一个领域进行专门的职业教育，这样不利于个体的多样化发展，职业教育应该终身化。在美国，职业教育的发展依靠法案的颁布来推进，有与时俱进的立法体系作为支撑，社区学院是职业教育发展的主要阵地，担负着职业教育的职能，社区教育发展至今，已成为美国高等教育重要的组成部分。

在立法上，美国在职业教育上有着完善的法律体系作支撑。在时间上大致可以分为两个阶段，第一阶段是起步阶段，以 1917 年 2 月 23 日《斯密斯 – 休斯国家职业教育法》的颁布为标志，这部法案在美国职业教育史上具备里程碑式的意义，它代表着美国联邦政府第一次以立法的形式为职业教育提供财政资助。在经历了 67 年之后，以珀金斯法为分界线，美国职业教育进入了第二个发展阶段，生涯与技术教育（CTE），一直到 2018 年颁布了《加强 21 世纪的职业与技术教育法》，该法案是第五部珀金斯法案，提出了要对 CTE 加强管理，确定了未来六年美国职业教育改革的方向与内容。

此外，在科技革命的影响下，美国的时代特征发生了翻天覆地的改变，美国社会对劳动力素质提出了更高的要求，在此之后，终身教育思潮席卷美国教育领域，此时的人才培养目标是要培养终身学习且具备职业技术能力的人才，总之，美国职业教育的发展受立法、科技革命以及终身教育思想影响至今。

（二）美国社区学院人才培养目标的特点

社区学院在美国高等教育中有着不可替代的地位，在美国，社区学院多达 1000 所以上，注册学生超过一千多万人，有着庞大的规模体系，社区学院与企业建立长期合作，能够为学生提供灵活的就业平台，保障人才培养供应，其特点如下。

一是直接与社区对接，更好地服务于区域经济发展。美国的社区学院人才培养的宗旨就是培养服务于社区的人才，人才培养计划跟随社区的需求而做出相应的调整。一开始，美国的社区学院主要是以转学教育为主，即一种“2+4”的培养模式，后来随着科技和经济的发展，产业结构升级转型，社区学院转变了人才培养重点，开始了校企合作，以适应区域经济发展对人才的需求，此时，社区学院人才培养的主要目标就是服务于社区发展，服务于区域经济发展。

二是社区学院的人才培养目标坚持学生本位的理念。学生本位即重视学生人格的培养，以学生为本，终身学习。其具体体现在以下几个方面，首先是注重学生的通识教育，无论在社区学院接受什么教育，通识课程的占比都会超过50%，其目的是培养合格的公民，为学生的终身学习打下坚实的基础。其次是强调接受教育的权利，人才培养宽进严出，每个学生在社区学院都有受教育的权利，入学程序简洁，但是为了保障学生培养质量，毕业要求则是十分严格的，这不仅扩大了学生接受教育的机会，在一定程度上还保障了教育质量。此外，社区学院还为学生提供定制化的培养方案，因材施教，以学分制与弹性学制相结合的衡量方式来保证培养质量，学生在修满学分后可以直接就业或是继续学习深造，若在毕业时未修满学分，也可以凭借职业资格证参加工作，然后再考虑是否接受学习。

三、日本专门职大学人才培养目标

日本专门职大学于2019年开始招生办学，与我国职业本科大学几乎同时起步，其学校定位是传授专门手艺、研究专门技能和发展专门职业的非政府机构。截至2021年9月，日本共创办了14所专门职大学。专门职大学是日本新增的一个高等教育类型，与职业教育直接挂钩，它与日本其他高等学校的直接区别，其中一方面就体现在人才培养目标上，日本专门职大学的人才培养注重的是学生的创造力和实践力。

（一）日本专门职大学人才培养目标的特点

2019年，日本的专门职大学才正式启动，其人才培养目标是为了提升学生的创造力和实践能力，尤其是强化学生在某一领域的专业技术技能，主要有以下三方面的特征。

1. 定位明确

日本目前开办的 14 所专门职大学的人才培养目标是在文部科学省的总目标，即“为未来新增的产业部门培养兼具创造能力和实践能力的专门职业人才”的指导下制定的，这 14 所专门职大学以总目标为指导，根据自身办学特色对人才培养目标进行了细化，其共性特点就是定位清晰明确。如高知康复专门职大学，提出“以《教育基本法》和《学校教育法》为基础，通过实践和创造性的教育和研究，培养在健康、医疗福利领域具有先进知识和技能、高度道德感和丰富人文精神的人才，为当地社区的发展和人民的健康做出贡献”，其人才培养目标定位清晰，紧扣办学特色。

2. 着眼学生创造力的培养

日本政府曾做过一项调查，“有 68.3% 的企业认为高校毕业生缺乏创造力”。在日本专门职大学的人才培养目标中，实践能力的培养是其目标的基础，而丰富学生的创造力则放在首要位置。在高知康复专门职大学的职业治疗科的人才培养目标中，这一科在人才培养目标上明确指出：“职业治疗系除了培养作为健康、医疗和福利领域的职业治疗师的先进专业知识和技能外，还将创新解决社区生活问题的能力，例如残疾人和老年人以及在出生率下降的老龄化社会中犯罪的人，以及开发支持独立生活的新服务和设备的创造力作为主要的培养目标。”

3. 服务区域发展

在对日所专门职大学人才培养目标的梳理过程中发现，服务地区经济发展是日本专门职大学人才培养的重要特征之一。高知康复专门职大学，其学校整体的人才培养目标中就明确提出“为当地社区的发展和人民的健康做出贡献”，在各个科制定的人才培养目标中我们也会发现“应对社会日益复杂和复杂的需求”“能够在与多个行业合作和合作的同时为当地社区做出贡献的人力资源”“能够为当地社区做出贡献的人力资源”这种致力于服务区域发展的目标指示，也从中可以体现出日本专门职大学人才培养的定位十分明确，是要依托专门职大学的人才培养来带动区域发展。

（二）日本专门职大学人才培养目标的保障措施

1. 课程以“实践性”为主

学校在实现提升学生实践及创新能力的目标上，在课程安排上着重突出了实践的重要性。日本专门职大学的课程体系由四部分构成：基础课程、专业职业课程、拓展课程以及综合课程，其中基础课程注重的是学生人际交往能力、社会适应能力等基础能力的培养，专业职业课程则涉及专业性技能的培养，其实现方式是现场实务实习，拓展课程主要强调的是学科与学科之间的联合，即培养学生运用跨学科知识来处理问题的能力，综合性课程则要求学生能够用所学知识和技能以创造性的方式去解决问题，这些课程设置的占比也十分讲究。高知康复专门职大学要求学生在毕业时修满 140—141 学分，其中基础课程学分占比 9%，专业职业课程占比 70%，拓展课程占比 14%，综合课程占比 7%，由此可以看出，在整个课程设置的学分占比中，专业职业的比重最高，其对实践性要求也最高，对此，日本专门职大学在凸显其人才培养目标的实践性要求方面，是通过重视实践性课程设置的方式来实现的。

2. 深化产教融合

职业本科大学的特点就是其“职业性”，日本开设专门职大学也是为了弥补在高等教育领域中职业教育的不完善部分，职业教育的目标就是为了给企业提供创新实践型人才，推动区域经济发展，因此，职业教育与企业密不可分。日本专门职大学还在未开设阶段时，为了凸显职教特色，更好地实现职教目标，日本的文部科学省就提出专门职大学的课程体系、教材编写以及实务实习需学校与企业双方参与，做到产教融合，为此还成立了“教育课程协议会”，为校企共同承担起学生的培养搭建桥梁，此外，为了产与教更好地融合，专门职大学特别重视学生的实务实习。在高知康复专门职大学，为了更好地促进人才的培养，依据人才培养目标要求，与须崎黑潮医院进行校企合作，签订共同承担学生培养责任的协议，由医院提供学生实务实习的场地，学校则为学校教育负责。

3. 师资建设

为了保障人才培养质量符合人才培养目标的定位，日本专门职大学在教师的聘任、建设以及发展上都有十分成熟的体系。首先，聘任教师方面，日本专门职大学在其教师的聘用上有严格的要求，并在《专门职大学设置基准》中，从学历、知识、经验、技能等多方面对学校对于教师的聘任标准做出了要求，作为教师聘用的准则，保障了教师的质量。其次，在教师队伍的组建上，日本专门职大学的教师主要有四种类型：实务教师、研究员教师、有研究能力的实务教师以及专任教师，四种类型教师分工明确，丰富了教师教学队伍，并且学校会将教师的学历信息、研究经历以及技术技能进行信息公开，一是为了接受大家监督，二是增进师生之间的相互了解。最后，在教师入职后，专门职大学十分重视教师专业发展，通过组织校内外的研修以及出国进修来扩宽教师的教学视野，提升教师的教学能力，更新教师的教学知识技能，以可持续的方式来帮助教师成长。

第四节　职业本科教育人才培养目标的优化方向

通过对德、美、日三国人才培养目标进行研究，发现德、美、日三个国家职业本科教育的人才培养目标各具特色，也各有成就。当前我国的职业本科教育正处于起步阶段，各方面的发展都不够完善，在人才培养目标定位上有必要向有经验的或发展有所成就的国家学习借鉴。人才培养目标定位的完善并不是一蹴而就的，我们要能够在原有的基础上发现问题所在，针对问题进行有效的经验借鉴。当然。也不能够将国外经验与我国人才培养目标的修订进行强行“嫁接”，由于国情和学校具体情况的差距，经验的直接“嫁接”可能会导致弄巧成拙。本节主要是基于国外的经验借鉴，来探讨能够使我国职业本科教育人才培养目标更加完善的方向。

一、明确目标方向，内容细化聚焦

在我国，职业本科教育是一种新的教育类型，属于高等教育领域，并不是原来职业专科教育的延伸，也不是本科教育的“替代品”。发展职业本科教育就要先明确其本质特征以及价值取向，在明确其本质属性的基础上对其人才培养进行目标定位。目标是行为的导向，会对教育行为产生重要影响。

（一）聚焦院校实际情况

通过对德、美、日三国人才培养目标的研究，其中一个很明显的特征就是德、美、日三国的职业本科院校在其人才培养目标的制定上都具有明确的针对性，目标能够落实到办学的实际情况，着重于对学生创新技能的培养。

在对日本职业本科院校的人才培养目标特征的研究中，提到了高知康复专门职大学，这所职业本科院校有着明确的人才培养目标方向，该校整体上将人才培养聚焦于“康复治疗”，通过实践和创造性的教育和研究，培养在健康、医疗福利领域具有先进知识和技能、高度道德感和丰富人文精神的人才，具体到各个科室，不同的科室根据不同的学习内容，制定适合本科室学生发展的人才培养目标。总体上其人才培养目标立足学校实际情况，目标明确，为当地社区的发展和人民的健康做了人才输出上的贡献。相较于我国的贵阳康养职业技术大学，其人才培养目标“立足贵阳、服务贵州、面向全国、走向国际”，不仅没有涉及学校的实际情况，也没有明确具体的方向，给人留下一种目标内容空洞的印象。

（二）聚焦区域经济发展

每一所职业本科院校都具备自身的特殊性，所在区域不同，经济发展内容不一样，产业发展所需的人才也就因地方而异。

例如上文提到的德国的慕尼黑应用科技大学，慕尼黑应用科技大学最初办学之时，其办学所在区域属于重工业发展基地，因此对人才培养目标的重点就放在机械相关专业，后来因为城市资源枯竭，再加上新兴产业的发展对复合型人才的需求越来越多，学校就转变人才培养目标方向，对其人才培养做出了及时的调整，将其人才培养定位于服务高新技术产业的发展。相较于我国的职业本科院校的人才培养目标，尽管有几所院校在其人才培养目标中提出了聚焦区域经济的发展，如广东工贸职业技术大学提出“立足肇庆，服务粤港澳大湾区”，河南科技职业大学提出“立足周口，面向河南”，相比于德国的慕尼黑应用科技大学来说，略显薄弱，需要进一步的完善。

因此，职业本科院校在人才培养目标的制定上需要聚焦区域经济发展，紧扣当地经济发展对人才类型的需求。此时可借助地方企业的力量，地方企业对区域经济的发展方向有敏锐的洞察力，学校要积极主动地与当地企业联系，搭建共同培养人才的平台，学校可在利益分配机制上以及企业荣誉上对企业做出让利，与企业共同承担起制定人才培养目标的任务，学校把控人才培养目标的大方向，在人才培养目标要聚焦区域经济发展上由企业来进行把控，做好人才培养的精准供给。

（三）聚焦学生专业发展

学校制定的人才培养目标，其中“人才”二字针对的就是学生，学生是人才培养目标的主体对象，人才培养目标的制定过程中要充分考虑到学生的各方情况，聚焦学生的学业发展。

在研究德、美、日三国人才培养目标的过程中，发现他们职业本科教育人才培养目标是十分关注学生专业发展的，以德国为例，德国慕尼黑应用科技大学各个专业从学生所要掌握的技能、思维的培养以及未来的职业规划等方方面面都给出了明确的目标定位，聚焦学生的发展。我国的部分职业本科院校虽然在人才培养目标中提出要致力于学生“德智体美劳”的发展，但与之相比目标上仍显得泛泛而谈。

在培养过程中聚焦学生，培养行动才有力，培养结果才会满意。因此，考虑到学生的特殊性，职业本科院校的学生虽然与其他高校的学生一样都是通过高考的形式进入高校学习，但是职业本科院校毕竟刚刚起步，与国家重点建设高校的发展水平还有相当大的差距，职业本科院校首先要充分认识到学生的发展水平，根据学生的整体水平来制定人才培养目标，人才培养目标不能定得虚高，以学生的水平难以达到，也不能定得过低，让学生觉得轻而易举，反而荒废时光。其次在人才培养目标的制定上应遵循学生自身发展规律，由易到难，由浅入深，对大一学生的培养在理论上就应与大四的有所不同，不同阶段，要综合考量，总体符合学生的发展水平。最后在制定人才培养目标时，学生也要积极参与，学生是最了解学生群体的，参与人才培养目标的制定，在一定程度上能够使其院校的人才培养目标更细化具体，更加人性化，充分考虑到学生主体。

二、摆正学校定位，目标自成一格

职业本科院校在制定人才培养目标时，应该充分考虑职业本科教育的特殊性，不仅要对接当地产业发展，还要具有本校特色。与传统的传授基础理论知识的本科教育相比，职业本科教育应更加侧重于技术技能的传授，人才培养具有特殊性。对此，其人才培养目标的制定需要突出职业教育的特色发展，目标自成一格。

（一）突出区域经济发展特色

职业本科教育与之联系最密切的就是生产实践，生产活动则具有区域性，不同地区其发展的产业类型是有所不同的，每个地方都有适合本地发展的支柱型产业，职业本科教育对口产业发展，因此，在制定人才培养目标时就要充分考虑当地的支柱型产业特色，突出地方特色。

各职业本科院校在制定人才培养目标时，首先要以当地政府政策指导为导向，牢牢把握经济的发展方向，必要时可求助于政府，让其帮忙与地方企业相对接，做好统筹工作，积极协调职业院校与企业之间的关系，共同制定人才培养目标，承担人才培养责任，努力促成职业院校与企业间的双赢合作，形成校企命运共同体，突出区域经济发展特色，一同致力于为当地经济发展培养高层次人才。其次，切忌一味地发展热门专业，盲目追风，忽视当地产业发展对人才的实际需求，从而导致人才培养同质化，与当地产业发展对人才的需求脱钩，造成人才滞留。最后，《国家职业教育改革实施方案》中要求职业教育的专业设置要与产业需求相对应，不同学校所在区域不同，其专业设置要充分考虑到地区发展、产业特征、资源情况等，即便是相似产业在不同区域间的发展也会各有千秋，这样一来，相同专业在不同地区的职业本科试点院校中应充分考虑当地特色，在其人才培养的各个环节做到因地制宜。

（二）彰显职业本科院校特色

职业本科教育作为高层次的职业教育，在人才培养过程中应当充分重视职业教育的特殊性。

纵观美国社区学院的发展路径，一开始，美国的社区学院主要是以转学教育为主，即一种“2+4”的培养模式，为中学毕业后没有升学成功的这类人群提供为期两年的具有低价优势的高等教育。后来随着科技和经济的发展，产业结构升级转型，社区学院转变了人才培养重点，开始了校企合作，以适应区域经济发展对人才的需求，此时，社区学院人才培养的主要目标就是服务于社区发展，服务于区域经济发展。从始至终，美国的社区学院独具自身特色，与美国的其他高校大有不同。相较于美国的社区学院，我国职业本科院校也应彰显职业本科院校的特色，充分认识到，职业本科教育不同于专科教育，也不同于应用型本科的教育。

与普通的本科教育有所不同，普通的本科教育以就业作为最终的培养结果，而职业本科教育应当以职业为导向，就业作为最初的培养目标。在整个人才培养过程中，要凸显“职业性”，对此，职业本科试点院校在人才培养目标的制定上应保证学校定位，正确处理知识传授、培养能力、素质提升和技术技能培训四者的关系，将专业教育、素质教育、技术教育与创新教育结合起来，突出学生创新能力的培养和综合素质的提高，彰显职教特色。

三、厘清办学定位，目标与时俱进

职业本科院校作为我国教育领域近几年的新兴事物，在办学定位上，它不同于职业专科院校，也不同于应用型本科高校，故其在制定本校的人才培养目标时，要厘清办学定位，避免成为职业专科教育的延续，也避免与应用型人才培养雷同。

（一）突出“本科层次”

过去人们总是将职业教育与大学教育区别对待，而如今“职业学院”已经升级为“职业大学”，但大众对此在认知上还会有所不足，这种不足一方面受我国以往的教育体系和教育观念的影响，另一方面则是学校自身对职业本科教育还未形成正确全面的认识，还在走职业专科教育的老路，以至于人们一提及职业院校，还是不自觉地用有色眼镜来看待这些已经升格的院校，即便国家已经出台政策整改职业院校，并且将职业院校升级为职业大学，鼓励和支持职业大学的发展，一些家长仍将考取普通本科院校作为孩子的升学目标，职业大学只是退而求其次的选择。职业本科教育与之前的职业专科教育不同，并不是职业专科教育的延伸，而是职业专科教育的升格，所以在人才培养目标上要厘清办学定位，内容要区别于以往的职业专科教育，突出本科层次。

职业本科院校要摆正自身定位，厘清职业和教育的属性，本科和专科的区别，依据高等教育内外部关系规律以及“职业带”人才结构理论来开展人才培养工作。首先，办没有改进的职业教育，虽然响应了国家的政策要求，提升了职业教育的层次，但并未从根本上考虑应该办什么样的职业本科教育，这十分不利于职业大学的可持续发展。其次，职业本科院校作为促进当地经济发展，为当地经济发展提供高素质技能型人才的源头，应当将人才培养着眼于“高层次”“高素质”上，根据当地的区域经济发展需要，结合政策的要求，立足于长远目标，将其定位赋予自身特色，这样才能吸引生源，实现自身的可持续发展，最终坚持在职业本科教育办学类型的基础上，以区域经济发展为导向，培养适应区域产业发展的高层次创新型技术人才。

职业本科教育在承担教书育人责任的同时，更重要的是为各地区培养创新型技术技能人才，职业本科院校一定要厘清办学定位，突出本科地位，不要走职业专科教育的老路。

（二）凸显“工匠精神”

职业本科教育的人才培养面向的是区域经济发展对人才的需要，培养目标应满足职业实践的要求，即掌握科学知识与技术技能，这就决定了被培养者要具备将科学知识转化为技术应用的能力。此外，职业本科教育培养出来的人才将来要投身一线的生产管理，除了要有技术技能之外，更应该具备“工匠精神”，即“敬业，精益，专注，创新”，这就要求在人才培养目标的制定上要凸显“工匠精神”。

纵观德、美、日三个国家的职业本科院校人才培养目标的演进，学生技术应用能力以及创新能力的培养被放于首位，德国通过“双轨制”“双元制”来保障职业本科教育的发展及其人才培养目标的落实。美国通过“学徒制”避免了学生在毕业时进入工作领域中对于工作无从下手的为难状况，在节约学生和企业双方的时间成本的同时，也保证了人才培养目标的合格完成。日本则将学生直接下放至工厂来进行打磨锻炼，通过实务实习来保障人才培养实践性及创新性的落实。反观我国，职业本科院校在人才培养目标中对学生实践能力及创新能力的要求要略显薄弱，目标还停留在“技术技能”的掌握，并未强调将技术应用于实践，也没重视对创新能力的培养，对此，我国职业本科院校在人才培养目标的制定上可借鉴德、美、日三国的培养经验，但要注意，在经验借鉴的过程中将人才培养目标“中国化”，凸显“工匠精神”。

我国职业本科院校在制定人才培养目标时可以融入“敬业、精益、专注、创新”这四个方面的要求，在对人才的考核时，也可通过这四个方面来综合考量。敬业，学生要全身心地投入，尽职尽责，毫不懈怠；精益，学生应对每次实践，每份工作精益求精，细致到每颗螺丝钉；专注，是大国工匠所必备的品质，只有全身心地投入，才能学有所成；创新，学生应不断突破，突破自己，突破技术。让“工匠精神”的内在要求成为职业本科院校人才培养目标的精华所在，为职业本科院校人才培养的高质量输出保驾护航。

第四章　构建职业本科教育的课程构建

职业本科教育的课程构建是职业本科教育的核心内容之一，它是为了适应经济社会发展的需要，培养具有实践能力和高素质人才而进行的一项重要工作。本章将从职业本科教育课程体系的内涵、构建和课程与教学方法三个方面进行阐述。首先，将介绍职业本科教育课程体系所包含的内容，以及其内涵。然后，将详细讲解职业本科教育课程体系的构建过程，包括职业课程与公共课程等方面。最后，将探讨职业本科教育课程与教学方法之间的关系，以及如何更好地运用教学方法来提高教学效果。

第一节　职业本科教育课程体系的内涵

一、课程体系概念

课程体系的内涵有广义和狭义之分。广义的课程是教育性经验的总和，是人才培养的行动方案，是能否达成人才培养目标的关键因素。课程体系是指为实现课程目标，依据一定的课程价值观，并在其指导下按照一定的规律排列组合各个部分和组成要素，使内部各要素在动态的实施过程中统一指向目标的实现。因其在教育过程中的重要意义，学者们对其概念、组成和价值等进行了大量的研究。有学者认为“课程体系是一个具有特定功能、特定结构、开放性的知识、能力和经验的组合系统。它不仅要将内部的要素诸如各类课程连接成一个统一整体，还必须充分体现培养目标和培养规格，适应社会经济发展的需要，反映科学技术发展的现状与趋势，符合学制及学时限制”。总之，课程体系包含有目标、内容、结构、实施、评价五个组成部分，这五个部分按照一定的内在规律形成有机的统一，才能实现人才培养的目标和规格。

二、普通本科教育课程体系概念

普通本科课程体系建设理论与实践研究时间较早，经验较丰富。系统梳理普通本科课程体系建设中的理论研究和实践探索对于构建职业本科教育课程体系具有一定借鉴意义。

（一）普通本科课程体系构建的基本概念

大学课程体系是将课程按照一定的原则经过选择和组织而形成的供传授的系统，即教学中诸多课程互相联系而构成的整体。以专业为基本单位，遵循学科性和逻辑性原则，专业的课程设置之间相互补充与配合，构成了科学合理的课程体系。这个体系以一条主线互相联系，它之所以重要是因为它直接影响人才的培养，决定组成学生知识结构的合理性。课程的合理性直接关系到人才培养的质量和水平。其构建的原则包括：教育本位原则、社会需求导向原则、技术定位原则、学校特色原则、个性化发展原则和课程体系系统性原则等。

（二）普通本科课程体系构建的实践探索

大多数研究者根据具体的专业进行实践探索，如：以虚拟现实技术专业课程体系建设为例，提出一套完整的虚拟现实技术专业课程体系，包含课程设置（包含三大类：基础课程、专业课程和通识课程）、教学进程（根据课程学习存在先后顺序，对所有三大类课程按照大一到大四的学期时序进行了教学进程的安排）和实践设计（包括基础类课程实验和专业课程实验）三大部分。以会计学专业为例，探索在高等教育大众化背景下，新建本科院校主动适应社会需求，构建以能力为导向的课程体系；以金融学专业课程体系构建为例，把优化课程体系作为地方本科院校培养应用型人才的重要途径。基于实践探索经验，对于构建路径进行了理性思考：以资源利用的系统性与资源搜集的广泛性合作为区域资源共享的关键性要素构建高校本科课程体系。针对区域资源的开发与优化过程，以区域资源的特征性与发展性为基础，对区域资源共享过程进行价值性挖掘，满足高校本科课程体系构建资源的多元化发展思路，为高校本科课程体系发展新常态提供强有力的资源要素。应用型本科院校应以就业为导向，以职业能力培养为主线，主动适应区域经济建设和社会发展的需要，明确课程目标，改革教学内容、教学模式、考核评价方式等，科学设置和优化课程体系等。

（三）普通本科课程体系构建的启示

通过梳理研究者的理论和实践探索，对职业本科教育课程体系构建有以下几个方面的启示：一是课程体系的构建首先要确定课程价值观，这种价值观贯穿整个课程体系，成为课程体系构建的逻辑主线，加强各要素之间的内在联系和衔接，使之形成系统的、完整的行动方案，最终达成课程目标；二是课程设置须结合培养目标和现实需求，进行长远、系统的规划，同时又要动态满足人才多层面、多维度发展的规律；三是课程体系的构建要遵循紧扣培养目标的基本的原则，确保课程目标、课程内容、课程结构、课程实施、课程评价五个组成部分形成有机统一的整体。

三、职业本科教育课程体系

（一）基本内涵

职业本科教育课程体系的基本内涵是在课程体系内涵的范畴内以职业本科教育的“职业性”和“高等性”的价值理念为指导，以培养“德才兼备、内外兼修的高素质产业主力军”为目标，根据职业岗位知识、能力、素质的需求，设计适应新技术和产业变革需要的人才培养的总体要求，根据专业人才培养定位和规格，对课程内容（典型工作任务）进行重构优化并以一定的逻辑结构划分出课程，形成相对独立、有效衔接、层次递进、理实结合、产教融合的课程体系。

（二）主要特征

从职业本科教育内涵出发，其课程体系呈现以下特征：课程目标的特色性，即职业本科教育课程目标应在借鉴专科高职教育和普通本科教育的优势与特色的基础上，精准定位自身的课程目标，应具有自身独特的特色和个性，不能简单照搬专科高职模式，也不能盲目跃进成普通本科模式；课程内容的应用性，即不同于普通本科教育课程体系的学科性，职业本科教育课程内容应注重情境性、实操性、经验性，课程内容的选取应既有陈述性理论知识，更要有过程性应用知识，且让两类知识进行融合；课程结构的衔接性，即职业本科教育课程应注重不同课程之间的横向差异性和纵向顺序性，以及课程之间的融合对接；课程实施的职业性，即职业本科教育课程实施应对接职业过程、生产过程，以真实情境让学生学会有用本领；课程评价的全面性，即在评价内容上兼顾知识、素质、能力的评价，在评价形式上结合过程性评价和结果性评价，在评价主体上注重第一方评价、第二方评价、第三方评价的结合和互补。

（三）现状分析

虽然职业本科教育课程体系相关研究出现的时间尚短，在国家政策法规的指引下，学术界对职业教育高质量发展的研究有了新的方向和动力，对职业本科教育课程体系的研究逐渐兴起。自2014年以来，呈螺旋上涨的趋势，2020年成为研究热点话题且持续增长。但是，研究集中于实践阶段，多以问题和需求为导向。归纳起来有以下几个方面的研究：一是基于某个专业视角的课程建设。依托协同育人模式展开职业本科药学专业课程体系构建，认为高职本科协同育人试点专业应该对普通本科与高职教育的课程体系进行改革，推动基础理论知识学习与实践教学有机结合，适当增加实践教学课时，促进学生设计与研发能力和职业岗位技能的有效提升；基于“1+1+X”英语课程开展职业本科教育课程体系的构建与实施研究；开发研究基于机械设计制造及其自动化专业职业本科教育课程体系；开发研究基于汽车服务工程专业职业本科教育课程体系。二是关于中高本贯通培养的课程建设。比如：基于“专本贯通”模式下的职业本科教育市场营销专业课程体系的构建；本着学科立体、生态发展的理念，南通航运职业技术学院物流管理（3+2）专业以课程体系的衔接为出发点，突出职业性、整体性、合作性和实时性，采取倒三角形课程衔接结构，建立职业素质教育贯穿制和学分一贯及互通的转阶段考核制度，构建出一套基于职业素质本位的高职本科分段培养课程体系的衔接机制。三是对国外课程体系的介绍和基本概念研究。认为课程体系的协同构建应基于一体化的理论框架，从理念、内容、目标以及教学方式等维度出发，以现代职业教育体系建设为目标，有学者介绍了德国职业教育层次与类型的确立。在《德国高等教育学位资格框架》中学历资格与职业资格“不同类但等值”为德国建设衔接、融通职业教育课程体系建设提供了制度基础；德国理论课程体系依据《联邦职业教育法》和《职业学校职业专业教育框架教学计划编制指南》统一规定每个专业的课程数量、名称、学习时间和内容，并以此构成德国职业学校的教学标准。而其实践课程体系还要结合培训企业的具体要求来制定。

第二节　职业本科教育课程体系构建

一、职业本科教育课程体系构建要素

职业本科院校是以培养面向生产、建设、管理、服务一线需要的具有一定理论水平的，高层次、高技能、高素质的应用技术型人才为办学方向的，因此，课程教学需要围绕这一目标主动适应经济和社会发展需要，以就业为导向，改革培养模式来服务院校所在区域经济和行业发展。具体课程设计规划时，以企业实际需求为牵引，结合本校自身的定位以及依托已有的教学软硬件条件去设置课程；教授过程中，强调学生的主体地位，以提升学生"手脑"综合能力为目标，构建理论教学为基础，实践教学为核心的教学模式，并通过整合课程和优化综合教学评价形成一体化的课程体系，全面为本科职业教育人才培养服务。

（一）明确的课程定位规划

课程定位在某种程度上决定了学校要培养具有什么样技能素养的学生。对于职业本科高校，专业课程的设置需要围绕产教融合的大方向，以为企业培养高素质职业技能人才为目标，依托校内师资和校外企业实训资源来规划课程，努力实现产业科研、高校教学、企业生产在功能和资源优势上的协同和集成，完成技术创新上、中、下游的对接与耦合，形成完整的产学研一体化教学。需要明确的是，在具体规划课程的过程中也需要明确该课程在专业岗位能力培养中所处位置，设置好先修的基础课程以及后续课程。

（二）明确的教学课程目标

课程目标是课程本身要实现的具体培养目标和意图，它规定了在某一教育阶段的学生通过该课程学习以后，在发展智力、品德、体质等方面期望实现的程度，是确定教学目标、课程内容和教学方法的基础。产业升级时代职业教育课程目标要从内容学习转向策略学习，课程结构要从学科逻辑转向行动逻辑，课程内容要

从面向对象转向面向过程，课程实施要从教师讲授转向学生行动，课程评价要从结果评价转向行动过程评价。由此可见，专业课程目标直接决定着学生最终的理论水平和技能素养。本研究认为职业本科层次专业课程应该具备至少如下三个培养目标：知识目标、能力目标和素质目标。知识目标方面，就是掌握基础的理论知识和熟练的操作技能等；能力目标方面，就是针对特定问题能够做到准确分析以解决问题，实现培养自学能力和复杂问题面前的应变能力；素质目标方面，就是紧紧围绕课程思政要求，不仅需要将学生培养成有技能的人，还要具备有道德、有文化、能奋斗、爱奉献等素质，引导学生将来在工作岗位上成长为对国家和社会有责任担当的人才。

（三）合理的教学方法

在教学过程中，通过课程设计有目的、有计划、有结构的产生教学计划、教学大纲以及教材等，整个教学过程不仅在学校开展，同时也拓展到合作企业，使学生理论知识和实践技能均能获得提升。教学方法设计时需要以企业实际需求为核心，针对专业岗位群的培养要求，突出对学生理论和应用能力的教授，并以工作过程系统化理念为指导和“教学做”三位一体的方式，通过校企合作的形式，来对教学内容、教学组织、教学实施、教学形式加以明确，来形成一种良性的反馈循环，最终实现“手脑并用，做学合一”的职教理念。在设计思路方面，需要以专业能力、方法能力、社会能力的培养为重点，以理论教学为基础，实践教学为核心，充分体现课程教学内容的职业性。也就是针对工作岗位的特点，分析归纳需要具备的技能素养，然后开始课程开发，明确课程内容，最后基于工作过程设计考核要求来验证教学效果。

此外，课程内容制定和组织方面应该按照企业生产实际需求来制定实训内容和开展训练，让学生能够在企业实战化氛围中掌握学习内容，这样不仅能为学生就业提供专业知识准备，同时也能锻炼其解决具体应用问题和实际问题的能力。综合能力开发法，即以课程设计最终完成实际产品为手段，培养学生综合能力的教学策略体系。整个教学模式是以学生为主体，以能力为本位，以专业为基础，以实践为重点，以技能为主线，通过“选题—搜集资料—拟定和选择方案—生产制作—评价”五个环节，强化学生的自我学习和问题应变能力。

二、职业本科教育课程体系构建的内在逻辑

职业本科教育能否稳步发展，在社会经济发展中担当其历史使命，培养产业转型升级所需的高层次技术技能型人才，为社会做出巨大贡献，完成既定的人才培养目标，构建一套目标达成理想、结构合理、特色鲜明的课程体系是关键。具体来说，就是职业本科课程体系中课程目标、课程内容、课程结构、课程实施、课程评价五个组成部分要在遵循一定的内在逻辑基础上形成统一的整体。内在逻辑是内部各要素之间的规律性和内在联系，课程体系的内部遵循什么样的规律？怎样形成内在联系？本研究认为，职业本科教育课程体系的构建首先要有统一的课程价值观，然后以此价值观为逻辑主线，贯穿整个课程体系，并因此而形成相应的观点、理念、意识和导向，组成一体化的内在逻辑。借鉴普通本科院校的课程体系构建经验以及国内外课程体系构建研究的启示，结合职业本科教育的内涵和特征，本书提出以下课程体系构建的一体化内在逻辑。

（一）以职业本科教育人才培养目标为课程体系构建的逻辑主线

社会经济的高质量发展，促进了担负着培养产业主力军历史使命的职业教育走向建构现代体系的时期，要推进职业本科教育迈向高质量发展，改变目前其课程体系存在的问题，构建科学合理、类型突出、特色鲜明的高质量课程体系是其关键环节。人才培养目标是构建课程体系的灵魂，培养目标统领课程体系的设置与课程内容的选择等，中职、专科高职和普通本科教育的课程体系构建分别基于其人才培养目标，课程体系趋于成熟。因此，根据职业本科教育人才培养目标，制定职业本科专业人才培养方案，是职业本科教育课程体系构建的基础和依据，是建立起课程体系构建一体化内在逻辑的主线。

职业本科教育的发展不仅是对高等教育结构的适应性调整，更是一次对传统育人制度的根本性改革和创新。职业本科教育人才培养目标是要让职业教育所培育的技术技能人才在具备“职业性”的类型特征的同时，还具备“高等性”的层次属性。具体来说，相对于中职、专科高职培养的技术技能人才，职业本科教育培养的高素质人才不仅仅具备职业要求的技术技能，还能够承担技术革新、产品研发、方案设计等创造性工作，以更好地适应工作环境的变化，与现代产业转型

发展共生共存。相对于普通本科院校培养的“高级专门人才”和“高素质人才”，职业本科院校培养的人才不仅仅要具备高等学校培养目标的普遍共性，即《中华人民共和国高等教育法》规定的要“高等教育的任务是培养具有社会责任感、创新精神和实践能力的高级专门人才”，同时，也要具有职业教育类型特征的特殊属性。但是，职业本科教育培养的人才不是“专科高职技术+普通本科理论”的简单组合，而应该是与两者有质的区别的一种教育类型。职业本科教育人才培养目标是主动适应社会经济发展变化需求，培养具有较强的适应能力、创新能力和发展潜力的“知能素优”“德技并修”的高层次新型技术技能人才。

因此，职业本科教育课程体系的构建应以能够达成培养高层次新型技术技能人才的目标为课程价值，并把这个价值观作为逻辑主线，贯穿于整个课程体系的构建。以高层次新型技术技能人才应具备的要素去确定人才培养方案，拟定课程目标，并以此为基础形成占主导地位的知识观，建立相应的课程开发技术，开发课程教材。根据高层次新型技术技能人才发展规律搭建课程结构，以高层次新型技术技能人才的个体需求实施课程，最后以高层次新型技术技能人才培养标准进行课程评价。由此，职业本科教育课程体系的五个部分基于高层次新型技术技能人才培养目标形成了一体化的内在逻辑。

（二）以职业本科教育知识观为课程开发和课程结构的主导观点

对于职业教育而言，职业知识观一直是主导职业院校人才培养方案、专业课程与教材体系开发与建设的依据，培养了大量传统的产业工人。建立在中职和专科高职人才培养定位上的职业知识观以及在这种观点指导下的课程设置和技能模式已经不适合职业本科教育的人才培养，建立在职业本科教育人才培养目标定位上新的职业知识观，即职业本科教育知识观，并在其指导下解构原有的（高等职业教育）知识体系，进行重构优化，成为职业本科教育发展的关键问题。

中职和专科高职的人才培养定位具体来说就是面向生产、建设、管理和服务一线，为传统产业培养高素质技术技能型人才，其知识观是根据岗位的要求掌握与职业直接相关的专业知识和实践操作技能。因此，专科高职的知识类型针对应用类岗位情境以关联性知识为主，而中职的知识类型针对不太复杂的操作类岗位情境，以定向和概括性知识为主。而职业本科培养的高层次新型技术技能人才，因为其兼具“职业性”和“高等性”，面向的是复杂多变，无标准答案的综合类岗位情境，仅仅是基于以上传统岗位的经验知识类型已经不再适合，而应该以原理性知识为主，强调以具体和原理性知识为特征的应用性设计和更高层面策略的内容。如表 4.1 所示。

表 4.1　职业知识观与职业本科教育知识观对照表

	中职	专科高职	职业本科
培养定位	具有综合职业能力，在生产、服务一线工作的高素质劳动者和技能型人才	服务区域发展的高素质技术技能人才	高层次新型技术技能人才
对应岗位情境	不太复杂的操作类岗位情境	一个完整工作过程的应用类岗位情境	复杂多变、无标准答案的综合类岗位情境
相应的知识观	定向和概括性知识为主。具有完成某项职业岗位的基础性知识，对完成的程序有具体的认知，掌握具体的工作技能；遇到一般性的问题有解决的能力；熟悉岗位基本职责，能承担一定的工作责任；对自己的工作过程能进行一定的自我反思和评价	关联性知识为主。具备完成某项职业岗位的较为广泛的理论知识；对复杂程序的工作任务有一系列认知和相应的实践技能；具备对问题的分析和解决的能力；能制定和遵守岗位职责，能够相对独立地操作和完成一个完整的工作过程，并具备对这个过程的检查和评价能力	原理性知识为主。具备完成的某项职业岗位相关的全面的、综合的、跨学科的理论知识；对某个领域复杂、不确定性的工作任务有系统的认识，具备综合运用全面的、跨学科的知识和技能，具有创造性地分析、解决复杂问题的能力；能够在工作中创造性地完成任务；能够在不能预知的工作过程中进行管理和监督，审查自己和他人的全部工作过程

职业本科教育知识观与传统的职业知识观都是从知识、技能、能力三个维度对人才应具备的标准进行了表达，基于不同的人才定位，具体内容和要求也不相同。职业本科教育知识观中，因为知识的原理性、技能的复杂性和能力的综合性，其课程设置和技能模式再也不可能把工作进行碎片化的分解，而必须把工作岗位看作一个完整的系统，把与工作岗位相关的因子，包括产业转型发展、环境条件变化、心理适应、问题预测等都纳入这个系统，与之相对应的知识和技能就都成为课程开发和设置的必备元素，只有这样职业本科教育的高质量发展特色才能彰显，人才培养目标才能达成。因此，职业本科教育人才培养方案、课程开发和建

设应以职业本科教育知识观为主导。

课程结构是指课程内部各要素按照一定的规律集合的形式，是达成课程目标的桥梁，也是开展课程实施活动的重要依据。基于职业本科教育高层次新型技术技能人才的培养目标，如何把高层次新型技术技能人才的所有组成要素包括实施主体等进行有规律的组合，为教育实践提供具体依据和操作程序，本研究认为职业本科教育课程体系构建应更关注对接教育链与产业链，通过产教融合、校企合作，致力于提升学生的整体素质和技能掌握程度，促进形成产教良性互动的课程体系构建新格局。因此，在搭建课程结构的时候，应该充分考虑政、校、企多方主体的深度合作，专业课程和公共课程、理论课程和实践课程、必修课和选修课的有效组合，而不再是以岗位培训的方式来进行课程设置和时间分配。

（三）树立“整体任务和综合能力系统分析”课程开发的主观意识

课程体系构建最重要、最基本的环节就是课程开发和建设。基于职业知识观，中职和专科高职教育课程开发的基本方法是任务分析法，将工作流程分解为关键任务，再不断对这些任务进行分解，直到把完成某项工作任务所需的技术技能细致准确地描绘，以此推导出完成这项工作需要掌握的内容，以此完成课程开发，最具代表性的是就业技能模块组合课程与工作过程系统化课程。运用任务分析法开发的课程对中职和专科高职基础性技术技能人才的培养来说是适用的，但是，对于职业本科教育需要培养具备原理性知识、复杂的技能和综合性能力的高层次新型技术技能人才就无法胜任了。为了避免因任务分析法造成“碎片化”工作程序，难以聚焦高层次新型技术技能人才所需的深层职业能力进行课程开发，从而使人才无法获得完整的职业能力，职业本科教育课程开发应树立“整体任务和综合能力系统分析”的主观意识。在课程开发的过程中，把工作系统作为一个完整的系统模块，分析时代对该专业高层次新型技术技能人才的知识、技能、能力的具体要求，结合思想政治理论、管理学、心理学和社会学的有关理论，运用现代信息技术开发出适合高层次新型技术技能人才的课程。

（四）以“学生中心”为课程实施的思想理念

传统的高等教育，在教学过程中以教师为中心，学生始终被动接受知识，其主观能动性和创造性无法得到应有训练和发展。德国哲学家海德格尔指出：“教所要求的是‘让学’。”“让学”就是充分发挥教师的主导作用，积极引导和激发学生的学习兴趣，变被动为主动，让学生学会学习，发展能力。1952年，卡尔·罗斯杰首先提出了“以学生为中心”的理念，并对一切教育和教学活动都用这个理念来解释。至此，引发了大学教育的系列变革。随着教育信息技术的迅速发展，更多颠覆传统高等教育理念及模式产生。斯坦福大学在《斯坦福大学2025计划》中大胆设计未来的大学模式，明确以学生为中心，将“先知识后能力”反转为“先能力后知识”。由此可见，以“学生为中心”是未来大学的发展趋势。职业本科教育，首先，有着“高等性”的属性，其课程体系的构建应顺应大学教育的发展趋势，遵循学生中心原则；其次，高层次新型技术技能人才的培养目标和人才发展规律，凸显了学生的个体价值与社会价值的内在统一，也彰显了职业本科教育学生发展的高质量。因此，构建职业本科教育课程体系要为学生面向未来社会打下扎实的知识基础，发展工作技能，同时也要将学生培养为全面发展的人，课程的实施要在以“学生为中心”的理念基础上，以学生发展为本，以适应性、认识性、价值性等为教学目标，重视学生创造力的培养，满足学生个性化发展的需求，强化对学生作为价值本体的职业素养和综合素质提升，强化职业规划和就业指导；教学实施过程要充分激发学生的学习主动性，克服传统的知识“灌输”式教学的局限，丰富教学的发展性。

（五）以“学习过程”为实施课程评价的行为导向

课程评价是一个价值判断的过程，评价的方式很多。对什么是课程评价，如何实施评价，不同的价值取向有不同的观点。英国课程专家凯利认为，课程评价是一个过程，用以评估任何一种教育活动的效果。“现代评价理论之父”泰勒认为，课程评价过程实质上是一个评估课程教学与教育目标的达成程度的过程。课程评价一直以来存在着科学主义和人文主义两种价值取向的争议，所以，课程评价是一个层次、对象、维度多而复杂的体系，其目标的确定如果在实际运用中有明显的价值分歧，实践效果一定会受到影响。人才培养效果的评价应考虑：一个是毕业生的质量；另一个是社会影响力，包含了质性和量性两个方面的评价。那么，对于职业本科教育课程的评价，因其培养的高层次新型技术技能人才在知识、技能和能力方面具备的高层次和复杂性的特征，不是单一的价值体现，应该综合科学主义和人文主义这两种价值取向，将科学主义的量化研究方法和人文主义的情境性研究进行融通，以“学习过程”为导向，以学习行为为载体来进行。这种以“学习过程”为行为导向的课程评价，更加关注学生对思想、行为、技艺发生变化的过程的体验，在这个过程中最有效的支撑是什么，最大的困难是什么，教学支持的策略能否提供有效帮助，而不仅仅是学生的分数和等级。这种导向的评价，会关注课程各要素之间的交互关系，以及影响课程实际运用的各种影响因素，并因此而动态调整课程设置及结构，遵循以“学生为中心”的原则，充分尊重学生个体差异与需求，创造适宜的外部环境，推动学生进行自主内在建构，通过教学实践落实育人目标，这种评价更符合职业本科教育课程体系的特征和人才发展的需求。

三、职业本科教育课程体系构建的基本原则

在以达成职业本科教育人才培养目标为课程体系构建价值的引导下，职业本科教育知识观成为课程开发和课程结构的主导观点，课程开发技术体系的建立具备“任务系统分析”与“综合能力开发”相结合的主观意识，课程的实施以“学生为中心”，课程的评价以“学习过程”为导向，职业本科教育课程体系构建形成了统一的内在逻辑，为解决目前存在的课程体系的问题提供了理论参考。为更好地指导实践，基于以上对职业本科教育课程体系构建内在逻辑的探讨，提出课程体系构建应遵循的几个基本原则。

（一）社会性原则

课程目标的含义是基于教育与社会的关系，涵盖了所有的教育层次。所以，职业本科教育课程目标的制定是基于职业本科教育人才培养的定位，而职业本科教育培养什么样的人，决定于职业本科教育在社会发展中的使命和任务，前面已经提到，要稳步发展职业本科教育，培养更多的高素质技术技能人才、能工巧匠、大国工匠。这就是职业本科教育的重要任务和历史使命。因此，职业本科教育课程体系的构建要遵循社会性原则，课程目标的制定要主动适应社会对人才的需求。

当前经济社会发展方式发生了从以量取胜到以质取胜的转变，德才兼备、内外兼修的“德技并修”高素质技术技能人才成为社会发展急需的高端人才。因此，

职业本科教育课程目标的制定和课程设置应以培养“德技并修”的高素质人才为时代要求，以职业本科教育知识观为主导，在“德”上将蕴含“优秀传统文化”“企业文化”“校园文化”的“工匠精神”渗透到专业课程及课程建设过程中，在“技”上动态适应产业转型升级的需要，将产业新技术、新工艺、新材料等融入课程内容，服务于区域和地方产业，甚至面向全球。

（二）系统性原则

职业本科教育课程体系的构建还应遵循系统性的原则。系统性原则要求构建职业本科教育课程体系时结合职业本科教育发展的总体要求，分解成表现性、可检测的发展目标，通过课程体系建设、课程资源开发、课程教学实施等分解到各个环节。这种分解要求关注课程之间的横向和纵向的差异和衔接，如和中职、专科高职的衔接，和普通本科教育的差异。同时，更要关注从宏观、中观、微观三个层面实行对课程目标的分解的合理性和融通性。如，从宏观上，课程的设置要注重政、校、企等的协同合作；从中观上，教育资源的配置要根据个体能力全面发展的规律进行优化，包括创新能力、学习能力等和技术技能获得的规律进行课程平衡和比例分配；从微观上，人才培养模式的设计要根据本科年龄阶段学生身心发展和学习规律，进一步具体化学习的知识点和技能的训练细节。

（三）能力导向原则

对我国职业教育的发展产生深远影响的能力本位教学模式，是20世纪80年代末从美国引进的。至今在我国职业教育中仍然是举足轻重的教学理论。这个理论因其强调职业技术能力，在其指导下，职业教育围绕岗位任务需求确定学生应该具备的职业技术技能，并以此开展教学，成为职业教育的最大特色。也因此培养了大批可以“零距离”上岗的毕业生，直接回应了社会需求。职业本科教育作为职业教育类型，有着与普通本科教育相区别的“职业性”，其课程体系的构建同样需遵循能力导向的原则，突出能力为重，但是又因其“高等性”的特征，与中职、专科高职也有着区别，在职业本科教育知识论的主导下，突出能力的同时要注重知行合一，彰显职业本科教育的高质量类型。因此，构建职业本科教育课程体系需以产业发展和社会需求为导向，培养学生分析问题、解决问题的能力，让学生可以参与或完成技术革新和工艺流程改造，有较强的创新创业能力，同时，强化学生职业素养和综合素质的提升，将学生培养为适应社会发展需要的全面发展的人。

（四）创新性原则

职业本科教育课程体系构建的创新性原则包含两个方面，一是从职业本科教育人才培养目标出发，构建职业本科课程体系需以创新导向为理念，在课程设置、课程实施中突出学生的创新意识、创新精神和创新能力的培养，彰显职业本科教育的创新发展的高质量。二是从职业本科教育课程体系本身出发，需彰显职业本科教育内涵高质量和创新发展，需创新构建思路，建立一体化内在逻辑，结合职业本科教育发展的总体要求，探索多样化的构建模式，推动职业本科教育高质量的发展。

第三节　职业本科教育课程与教学方法

一、职业本科教育课程体系教学方法设计

（一）教学方法

在教学方法方面，本研究提出了五类方法，即项目教学法、任务驱动法、头脑风暴法、角色扮演法和现场教学法，并根据实际需要选择使用，拓展学生的思考能力、动手能力、责任意识，以实现从老师被动教，向学生主动学的转变。针对具体专业课程教学内容选择相应的教学方法，采用互动式教学、创新启发式教学、项目导入法教学等几种教学方法，可以有效改善教学效果，对培养高等职业教育学生的专业能力具有一定的示范意义。针对专业课程具有较强的理论性和实践性的特点，需要学生在掌握扎实的理论基础上，进行实践操作，提出了“理论先行，实践紧随”教学方法，如下：第一，采用“教—学—做”一体化教学，也就是先教、再学、后做的方式，逐步由课本理论向企业实际转移。第二，实例分析法，课堂教学过程中举例说明辅助学生理解。第三，实物展示法，教学过程中将各类型传感器或者仪表带至课堂，讲述工作原理，让学生亲身体验，辅助学生知识点的理解。第四，实训室现场教学法，通过观察传感器的结构、分析工作原

理，并进行实际操作，做到理论与实践的相结合，激发学习兴趣，提高学习效果。

在教学资源配置方面，可以运用现代教育技术和虚拟、仿真技术等软硬件设备，优化教学过程来提高教学质量和效率；具体落实方面，强化与企业的合作，利用线上线下教学资源，提升教学效果，然后开展各类型竞赛，全方位地培养学生，打造一种“沉浸式”学习环境。

（二）考评方法

高等职业教育需要以职业为基础，以能力为本位，需要改革传统的评价体系，建立以学生为中心、以能力为本位、以实践为指导的考评标准，并通过笔试、口试、答辩、书面报告等多元化考核方法以及采用以课业为辅助的考试方式，强调学生的主体地位。本研究基于以上理论，进一步研究后提出了以工作任务为单元的考核方法，采用理论考试与实训操作相结合，以及课堂表现和课外学习任务相结合等形式，将课程考核贯穿整个学习过程。在这个过程中，通过提高项目实训分值占比强调实训的重要性，并结合平时成绩和理论考核成绩来综合评判。例如对于某一专业课程，将项目实训分值占比设置为60%，理论考核成绩占比20%，学习态度、课外作业等平时表现占据剩余的20%，然后根据各部分结果综合打分，这样就形成了理论和实训同步推进，引导学生重视实训的效果。

（三）教学条件保障

教学条件保障是保证教学质量的关键。要做到专业课程教授达到良好的效果，本研究认为需要满足以下三点要求：第一，校内硬件配置完备，也就是各类型实训室建设要全面满足学生各类型技能操作训练的需求；第二，校企实训形式多样，可以根据课程进展在不同的企业开展不同层次的实训，在项目化管理的氛围内锻炼学生的综合能力；第三，师资队伍配置要合理，做到教师团队年龄结构、双师结构、职称结构、学历结构的合理，保证学生能接受到不同的知识层次和思维模式的熏陶。也就是说，通过以上教学师资条件的保障为学生提供校内跨界融合、校企实体融合、科研载体融合的融合集聚专业能力培养的环境，为后续高质量构建人才培养要素打下基础。

第五章 职业本科院校高质量教育模式构建

为了提高职业本科教育的质量，构建高质量的教育模式是非常重要的。本章将从理论概述、实践探析和构建策略三个方面，探讨职业本科院校高质量教育模式的构建。首先，我们将介绍职业本科院校高质量教育模式的理论基础，包括教学方法、课程设置、教学资源等方面的理论支持。其次，我们将通过实践探析，总结出一些成功的经验和教训，为构建高质量的教育模式提供指导。最后，我们将针对当前的问题和挑战，提出一些具有实际意义的策略和建议，为职业本科院校构建高质量的教育模式提供实质性的帮助。通过本章的学习，读者将能够深入了解职业本科院校高质量教育模式的构建，掌握一些实践经验和策略，从而提高教育质量，为社会培养更多优秀的职业人才做出贡献。

第一节 职业本科院校高质量教育模式理论概述

一、职业本科院校高质量教育模式的内涵与属性

（一）职业本科院校高质量教育模式的内涵

在《关于全面提高高等职业教育教学质量的若干意见》《国家职业教育改革实施方案》以及《关于实施中国特色高水平高职学校和专业建设计划的意见》等国家政策的引导下，教育模式改革成为高等职业教育发展的核心方向，有关教育模式的文献研究也日渐丰富。研究者从不同的方面、角度或层次对教育模式进行了研究探讨，其中关于教育模式内涵的表述较为丰富。如魏所康在《培养模式论——学生创新精神培养与人才培养模式改革》中提出教育模式指教育活动的实践规范和基本样式，是对培养目标、培养过程、培养途径、培养方法等要素的结

合。教育是一个复杂的系统工程，教育模式属于其中最重要的子系统，高等教育的教育需要设计培养目标、挑选培养内容、落实培养途径、完善培养评价以及制定培养制度。教育模式是特定教育思想或理论基础在人才培养过程中的具体运用，建立在不同教育思想或理论基础上的模式将会大不相同。即使建立在相同的教育思想或理论基础上，但其中某一构成要素不同，其教育模式也会存在较大差异。

截至目前关于高质量教育模式的研究热度相对较低，其中李忠跃等人认为高质量教育模式是“教育理念、课程、师资、设备设施和途径方法等全面现代化，教育与我国经济社会高质量发展相匹配，能满足学习者个性化高质量学习需求”。高质量教育模式既具备普通教育模式的基本特性，同时还在构成要素等多方面具备其自身的特殊性。简而言之，高质量教育模式是相对于普通教育模式或非高质量教育模式而言的，体现出各方面程度的“高”。

综上所述，职业本科院校高质量教育模式应该体现双重意蕴。一是人才培养模式的构成要素完整、结构优化并且实现全面现代化，能充分发挥高层次技术技能型教育的功能。二是不仅拥有“范型性”“系统性”“超前性”和“协调性”四类属性，还具备“动态演进”“多元构成”“契合需求”“协同参与”以及“区域特色”五大特征。高质量的教育模式需要适应人才培养的变化和发展，依据对社会经济发展背景、不同时期、不同区域和不同学校条件等方面的考察进行诊断与改进，其构成要素也随之相适应地动态调整，以此确保最终的教育质量。

（二）职业本科院校高质量教育模式的属性

1. 范型性

范型性指对象具有典范的特性，职业本科院校高质量教育模式具有范型性，有较为深刻的示范性和实践意义，有助于丰富大众对职业本科院校高质量教育的认识。高质量教育模式能够帮助全体职业本科院校依据其特征，更好地对教育模式构成要素之间的逻辑关系和原则进行把握，并且通过借鉴其中部分先进经验进行教育模式的构建与改革。

2. 系统性

系统性指对象内部具有清晰的层级与逻辑关系，职业本科院校高质量人才培养模式具有系统性，是一个由多个构成要素组成的整体系统。因此，即使其中某一要素发生的微小变动，也有概率对教育模式产生重大影响。为了对职业本科院校高质量教育模式进行整体性认识，必须对其要素进行系统的分析，然后对教育模式各构成要素进行确定。

3. 超前性

超前性指对象的设置具有提前的计划，职业本科院校高质量教育模式具有超前性。模式构建的过程中遵循职业教育和高等教育的内部规律，同时还需要适应社会发展、教育发展以及学生发展需求。所有试点院校都需要在未开展教育的阶段超前构建教育模式，然后根据实际培养过程中出现的问题进行改革和再构建，最终有机会发展为高质量教育模式。

4. 协调性

协调性指对象具有动态适应的特性，职业本科院校高质量教育模式具有协调性。教育模式的构建与改革必须在与政治、经济和文化等社会子系统的互动中进行。为适应社会发展和教育需求的变化，教育模式会依据对社会经济发展背景、不同时期、不同区域和不同学校条件等方面的考察对其构成要素进行调整。即使学校完成高质量教育模式的构建，模式将在一段时期内保持相对稳定，但也不得不优化部分构成要素以保证模式整体的相互协调。

二、职业本科院校高质量教育模式的构成要素

（一）教育目标

教育目标是教育主体针对具体领域及各层次岗位的需求而制定的培养对象的质量与规格标准，是实施教育的总原则，并且其他构成要素都应该围绕培养目标进行确定。教育目标应该准确、特色且体现明显的指向性，制定需要考虑办学定位、人才价值等多方面需求，培养具备适应现代化社会能力的全面化和个性化人才。我国职业本科院校正处于试点改革的过程中，教育目标容易出现路径依赖现象，目标定位忽略自身办学实际和特色而朝向高职专科院校或普通本科院校偏移。

学校制定教育目标必须明确教育对象的知识结构、能力结构和素质结构。知识结构指个体通过学习形成的信息联系，也是教育目标达成的核心。职业本科专

业的学生应具备基础性、综合性以及多元性的知识结构，在掌握科学文化等基础性知识后再进一步学习综合性知识。能力结构指个体通过实践活动掌握的技能，其形成必须基于一定的知识结构。职业本科院校应该培养学生自主学习、知识运用、实践操作、科研以及创新等能力。素质结构指个体通过环境和教育形成的较为稳定的身心发展品质，其形成必须基于一定的知识的和能力。职业本科院校需要培养学生良好的思想道德素质、科学文化素质、身心素质和专业素质。高质量教育模式中的教育目标应该基于市场需求、职业教育自身规律以及学生发展规律，结合学校与专业特色，按照人才培养规格对学生的知识结构、能力结构和素质结构提出科学合理的明确要求。

（二）教育内容

教育内容是培养主体对培养对象实施教育的介质，由于其涉及的对象过于丰富，本研究主要聚焦于学校内设的课程体系。学校进行课程体系构建的前提是专业设置，为此首先需要对专业设置展开探讨。专业设置是学校开展人才培养的关键环节，其直接或间接地影响学校的招生、评估、培养和就业等工作的进行。不同于普通本科院校，职业本科院校应该根据区域需求、行业、岗位以及技术等变化进行专业设置，这足以体现其区域性、灵活性和时效性的特色。为保证教育适应经济社会发展需求，职业本科院校需要格外重视专业设置，在遵循职业教育相关规律的基础上，结合学校办学定位、内部资源以及发展目标等因素而进行动态化专业设置与调整。

课程体系是学校开展教育活动的实际载体，高等教育的课程一般包括公共基础课、专业基础课和专业课程，三类课程比例存在差异。企业作为参与市场活动的主体，对于新产业与技术具有敏锐的观察力，能够参与课程开发并对课程实施过程进行规约与评价。为实现培养目标，职业本科院校要紧紧围绕社会经济发展的方向，联合企业以教育目标为出发点，按照职业岗位的需要构建具备职业本科特色的课程体系。课程内容既要强调技术技能的培养，也要注重技术理论知识的学习，技术理论知识的学习有助于学生在实践过程理解并运用技术技能。课程实施强调理论结合实践，将理论教学与实践教学融于实践活动或项目中。将职业本科院校教育内容与岗位实际相融合，构建既重视学生发展，又兼顾社会需求的课程体系。高质量教育模式中的教育内容应该是依据教育目标而设置的整体性模块化课程体系，设置的模块课程比重合理、相互联系和支撑，能够实现培养学生所需的综合职业能力。

（三）教育途径

教育途径是培养主体为教育活动采取的一系列方式手段，是人才培养目标实现的重要保证。根据形式的不同，可以将培养途径划分为教学途径和非教学途径。教学途径是学校教育过程中最主要的形式，而非教学途径则是除教学外的其他形式。相比于教学途径，非教学途径具有隐蔽性、感染性和长期性等特点，对于学生的认知、情感、品质和行为等方面的良性发展具有促进作用。实践教学是职业本科院校培养途径的核心，其在教学中的比重相较于普通本科院校大很多，甚至可以超过总教学安排的半数。实践教学帮助学生在实习实训基地或者真实生产现场参与实践，通过将理论知识运用于实践掌握处理现场各种实际技术问题的能力。

在经济社会对应用型人才需求日益多元的背景下，职业本科院校理应拓展新颖且具备适应性的教育途径，满足时代发展的需求。部分学校重视教学方式方法的创新，开始使用项目教学、案例教学等方法。尤其是在信息化、后疫情化时代的双重背景下，学校运用信息技术开展网络课程等方式逐渐流行。今后开展的教育模式改革将以发挥教育模式教学的传统优势与现代化信息技术的融合为突破点，帮助学生在教学过程中从被动者角色向主动者角色转变。高质量教育模式中的教育途径应该是以校企双主体为主、其他利益相关者为辅的多元协同参与的一系列有针对性的方式和手段，能够随着时代发展而不断融入新兴技术且持续进行创新。

（四）教育评价

教育评价指根据特定的标准，对教育的各个环节及质量等方面进行的科学评判，是检验教育成效、及时监控反馈并调整改进的最主要方式。职业本科院校需要通过持续的监督、反馈与调控，以此保证最终的培养效果。教育评价由对学校整体办学的宏观评估和对学校教学的微观评价两个方面组成，其中对学校教学的微观评价是教育模式构建的重点。教学微观评价一般包括评价阶段、评价目的、评价依据和评价方法四方面的内容。评价阶段包括诊断性评价、形成性评价和终结性评价等。评价目的包括反馈、鉴别、诊断、调节、选择和激励等。评价依据涉及考试成绩、能力考核、实践成果以及创新思维等。评价方法有闭卷考试、开卷考试、项目论文、答辩演讲、调研报告、教师评分以及学生互评等多种形式。

培养评价不应该仅考察或考核教与学的水平，还需要运用多种手段综合评价学校办学资源、教师队伍以及课程教学等方面的内容。职业本科院校的职业本科专业教育刚刚起步，只有通过设立科学有效的评价监控机制，及时发现并解决问题，达到以评促改的目的。根据第四代评价理论，评价的主体不光包含评价的制定者和组织者，还应该包括接受评价的对象以及其他利益相关者，而针对职业本科院校教育来说，部分利益相关者一方面是评价的对象，另一方面又成为评价的主体，并且其实施评价的权重会随利益关系的密切程度而变动。高质量教育模式中的教育评价应该建立科学且合理的多元质量评价体系，评价主体、评价方式以及评价维度等方面要素实现多元化。

（五）教育制度

教育制度指对教育制定的政策规定、程序及其实施体系，是学校开展教育的重要前提和保障。其能确保教育依规开展，也是教育模式中可调整性最强的构成要素。根据制定主体的不同，可将培养制度分为外部教育制度和内部教育制度。其中，外部教育制度是政府针对学校教育进行的顶层设计。由于相关政策制度的缺失，我国职业本科教育的顶层设计相对滞后，对试点院校的引导作用不足，缺乏了顶层设计的引导，部分试点院校可能因为经验短缺而出现发展方向不明、办学定位模糊、管理体制僵化以及教育模式不完善等问题。可见，政府的首要任务就是尽快开展职业本科教育相关顶层设计，完善外部教育制度。

内部教育制度是学校基于顶层设计而制定的与教育各环节相关的一系列规定及其实施体系，一般包含修业制度、专业设置制度和日常教学管理制度。修业制度由学年制、学分制和学位制等部分组成，学年制高度结构化但缺乏灵活性，学分制可以充分发挥学生的自主权但教学计划的完整性和系统性不易保证，教学内容和质量缺乏统一要求。学位制包括专升本、主辅修和双学位等制度，为不同学生提供多样的学习方式。专业设置制度是官方以学科类别和产业结构为依据设置的学科与专业门类，对具体专业的名称和分类等进行了规定，各个专业根据要求的方向开展相适应的教育教学工作。日常教学管理制度是培养制度中数量最多的部分，也是学校操作性最强的部分，不同学校可以根据自身现状灵活设置和调整各类日常教学管理制度。高质量教育模式中的教育制度应该建立健全的内外部质量保障体系，能够支撑教育模式良好运行并且保障培养目标的顺利达成。

三、职业本科院校高质量教育模式的特征

（一）动态演进

认知与实践的循环决定了高质量模式构建的动态演进特征，教育模式的构建与改革也是一个从建立到调整再到重建的动态过程。新兴产业对人才要求的提升、企业对人才需求的变化都间接要求职业本科院校的教育模式不断更新调整。学校为了实现发展而自发对培养目标、专业设置、课程体系等方面的内容进行转变和调整。职业本科院校教育的变革与发展也同样受到路径依赖与路径创造两大机制的影响，使得其试点发展的路径充满了不确定性，既受限于路径依赖的历史的惯性约束背景下，又渴求于路径创造的质量新发展格局中。依据路径依赖理论可以推断，当职业本科试点院校的组织发展等进入锁定期，将会受到历史发展的惯性以及自身改革的惰性的影响而难以进行高质量的变革发展。依据路径创造理论可以推断，职业本科试点院校想要突破原有的路径依赖，必须让变革者有意识地去偏离目前的路径，具有建构性地创造新的路径。由此可见，职业本科院校教育模式的动态演进特征对于突破路径依赖、形成路径创造并最终构建高质量教育模式意义明显。

（二）多元构成

职业本科院校教育模式是一个由众多要素构成的系统，某一要素的变动都可能对模式的整体构建产生重大影响。高质量教育模式应该具备多元构成的特征，在培养主体、目标、内容、途径、评价以及制度等方面有所体现。培养主体方面，为了保证职业本科院校的教育能够满足社会和劳动力市场的需求，必须引导社会多方主体参与职业本科院校的教育。国家政策针对职业教育发展提出要完善多元办学格局，以政府部门为主导、行业企业为依靠，发动其他社会力量积极参与。

在制定培养目标和规格、设置专业与课程以及开展培养评价等过程中，学校就应该注重主体的多元性，主动邀请行业、企业相关人员、学校教师与学生共同参与。培养目标方面，虽然政府已经在政策中明确提出学校要培养高层次技术技能型人才，但这还只是一个官方普适性的提法，对学校制定教育目标的指导效果不够明显。各试点院校应该根据社会经济发展、区域需求以及自身条件和特色设置多元的教育目标，并且不同学校或是同一学校不同专业的教育目标都应该保证其多元性。培养内容、途径、评价以及制度方面，这些构成要素都是职业本科院校自主选择性较强的部分。政府对职业院校或职业本科院校的专业设置、课程安排、教师队伍建设以及实习实训基地等宏观方面进行相应的规定或要求。在符合以上规定和要求的基础上，各学校可以申报不同的专业，开设丰富的课程，选择多样的途径，确定标准的评价方式以及制定特色的制度。

（三）契合需求

职业本科院校的试点工作是完善现代职业教育体系、推动教育结构战略性调整的重要举措，学校经验的欠缺可能导致教育难以契合需求。当前我国高等教育存在的专业设置趋同化、供需结构失衡等现象与问题，同样实施高等教育的试点院校也可能陷入困境。专业设置是学校开展教育工作的起点，在很大程度上决定着学校的办学质量和特色，职业教育开设的专业必须密切联系社会经济发展，体现区域与职业的特色。部分高等院校忽略了自身教育为社会经济发展服务的功能，为了追求自身综合性发展而在专业上求大求全。专业设置发展为学校独立随意操作的内部事务，未能按照市场需求进行专业布局，导致最终培养的人才与劳动力市场脱节。与此同时，部分高等学院由于制度缺乏以及自身惰性等因素，忽视目前开设专业的调整、改造与撤销等工作，导致出现过时专业难以撤销、新兴专业难以开设等问题。合理的专业设置有助于高校教育实现多元化、高质量以及较强的社会适应性。随意的专业设置不仅容易造成高校资源浪费、教育低质量，还会导致社会适应性降低。职业本科院校的“职业性”“区域性”等特性要求学校与社会、经济和区域发展联系密切，因此，学校的教育必须要精准对接社会经济发展需求，服务区域的发展。试点院校亟须进一步细化教育目标范围，进行充分的市场调查和深入论证，准确定位培养方向，有针对性地进行专业与课程设置、教育方案制定以及培养评价，提高其教育的质量与适应性。

（四）协同参与

职业本科院校与普通本科院校的教育差异明显，其最显著的特色就是开展产学研一体化教育。职业本科院校教育仅凭借学校内部独立开展教育还远远不够，还需要来自各利益相关者的参与或协助。教育的各个环节离不开利益相关者，需要得到政府部门、行业企业、学校师生以及社会等各方组织团体的支持与配合。职业本科院校教育模式的协同参与特征贯穿人才培养方案制定、专业与课程设置、培养实施和培养评价等方面。尤其是行业、企业等核心利益相关者，不仅是职业教育的需求者，还应该成为人才培养的主体，协同参与教育的全过程。试点工作的开展首先离不开国家制度或政策的支持，政府层面的顶层设计将会直接影响到学校的发展好坏与存亡。其次，在开展试点工作的过程中还需要得到资金、人力和智力等各类资源的支持，地方政府、行业、企业、捐赠者以及研究者等组织团体通过提供资源支持学校的发展事业。最后，试点工作在具体的实践环节中也需要得到真正有效的落实，企业和学校师生认真践行教育模式中的相关要求。我国的职业本科院校目前正处于改革试点阶段，高质量教育模式的构建与改革也理应由各利益相关者协同参与。

（五）区域特色

我国当前高等院校的办学定位，不论层次和类型均出现趋同化的显著特征。受传统观念的影响，大众普遍认为普通院校的地位与层次高于职业院校。这也导致一些职业院校不满足于当前办学类型，渴望试图通过模仿普通本科院校的专业与课程设置、教育以及学术科研转型为普通本科院校，教育的同质化导致结构性就业矛盾越发突出。我国现有三十余所试点院校，分别分布于河北、辽宁、四川、江西和上海等二十个省市。由于不同区域自然环境和资源的差异，各省市的社会经济发展极不平衡。不能要求不同区域的职业本科院校运用相同的教育模式，即使是同一区域的不同院校、同一院校的不同专业间也应该具有差别。构建教育模式需要清楚区域的人才需求，以生为本是教育中以人为本理念的具体体现。高质量教育模式应该做到以生为本，立足于促进学生的高质量发展，进而推动区域乃至社会的高质量发展。部分院校不顾自身实际和特色，盲目追求专业的数量，造成学校行业背景、专业和人才培养特色的减弱。职业本科院校应当树立区域特色意识，在充分了解学校所在区域的经济发展特点的基础上，依托地方特色，结合学校自身优势，构建适应学生和行业企业的需求的教育模式。集中有限的资源实现教育的突破，找准自身发展之路，办出教育的特色品牌。

第二节　职业本科院校高质量教育模式构建实践探析

一、职业本科院校高质量教育模式构建必要条件

（一）国家法律法规建设

依法治教是我国社会现代化发展的必由之路，职业本科教育的产生与发展同样离不开国家出台的各项法律法规。政府通过对法律法规持续的修订和完善，最终形成内容明确且操作性强的政策文件。法律法规的实施严格且相对稳定，为教育界的重大发展和改革奠定了强有效的基础。政府在制定关于职业本科院校的法律法规时应避免计划经济时期的旧思维，摒弃过度的管理职能，下发更大的自主权给学校。但政府简政放权不代表放任其不管，而是从原本的管理转变成监督，在扩大学校自主权的同时加强对其宏观管理与指导。

法律法规颁布后，在社会发展的过程中又会出现大量与当下发展阶段不适应的问题，需要相关部门及时开展修订工作。1998 年颁布的《中华人民共和国高等教育法》（以下简称“高教法”）在 2015 年实现首次大修，时间跨度接近二十年。而 1996 年颁布的《中华人民共和国职业教育法》（以下简称“职教法”）于 2022 年第一次修订，时间跨度更是长达二十六年。新高教法颁布时试点工作暂未启动，但随着职业本科院校的落地，再次修订就应该明确职业本科教育属于高等教育，规定其与普通本科院校具有相同的法律地位。而职教法的再次修订，就需要从法律层面支持这些政策文件中提出的关于职业本科的政策方针。两部法律能够充分体现国家意志性，更加有效地为职业本科教育的高质量发展提供保障。职业本科教育是职业教育体系层次的升级，也是高等教育体系类型的完善，促进职业本科教育与高职专科教育的合理衔接、职业本科教育与普通本科教育的有效沟通是国

家法律法规应该解决的核心问题。虽然国家陆续颁布一些关于职业本科教育的法律法规，但这些政策文件只是从部分角度开展规划，没能从顶层设计上进行整体性规划。由于缺乏对学校办学定位、教育方面相关的指导，试点院校在探索办学定位和教育的过程中可能受到普通本科院校一定程度的影响，模糊不清的办学定位终将导致其教育偏离正确方向。由此可见，在法律法规建设时首先应该根据办学定位、教育、专业设置和经费投入等方面的区别，明确不同类型和层次学校的权责，引导试点院校的人才培养实现与普通本科院校相辅相成。

在制定法律法规时，除了需要进行宏观层面的整体架构设计，还需要考虑微观层面的具体可实施性。只有将整体与细节相协调，横向与纵向相结合，才能确保法律法规的内容明确、具有强操作性和适应性。国家已经发布了一系列政策文件以大力发展职业教育，这在一定程度上推动了职业教育的发展。然而，大部分地方政府在制定政策时，往往只是简单地复制和修改政府法规，导致学校的教育难以适应区域社会经济发展状况和特色。因此，职业本科院校需要在市场经济的调节作用下，积极应对社会发展和市场变化，及时调整培养策略，以提高人才培养的适应性。这将有助于职业本科院校在激烈的市场竞争中获得更多的优势，为区域社会经济发展做出更大的贡献。

（二）政校企的协同合作

政府、行业企业是职业本科院校教育的重要保证，加强政府、学校和行业企业三方的合作对于构建高质量教育模式起着至关重要的作用。纵观世界上职业教育最发达国家的经验，政府对于职业院校的发展影响十分深远，政府为学校提供政策和经费等支持，还能够对学校的发展起着重要的引导作用。此外，学校与行业企业共同开展产学研合作是教育的重要途径，行业企业在产教融合的过程中不仅能够参与教育模式的构建，还能提供企业教师、实践场地、奖助学金等各类资源的支持。

在国家层面上，我国对于政府主导校企合作的探索和经验还较为欠缺，有关校企合作的法律法规还不够健全。需要政府做到明确自身及其下设部门的职责分工，发挥引导协调的作用，引导多方参与、沟通对话、经费投入，加强管理、监督、评价和优惠政策力度。政府还通过制定政策等方式发挥着校企间的纽带桥梁作用，但在政策落实等方面还会明显受到不同地区经济条件的影响。如副教授认为“目前我国职业院校主要是政府办学，这也使得企业参与学校人才培养的难度较大，尤其是北方的大部分学校，而南方经济发达地区的校企合作却得到了政府完善的经费投入和制度保障”。

在行业企业层面上，行业除了直接或间接参与职业本科院校的办学，还能够为学校提供竞赛组织、监督、咨询和评估等相关服务。部分副教授谈道：“行业对人才培养的影响不大，偶尔会提供教育标准、社会需求预测和政策制定等方面的咨询。”为提高其参与度，必须建立专门的行业指导机构，明确行业在职业本科教育中的权责，督促行业参与学校的教育。教育离不开企业提供的资源，然而由于企业与学校的价值取向存在差异，合作培养的学生不一定为企业创造利益，利益的缺乏影响校企合作的高质量开展。部分副高级认为“学校追求教育而企业却是追求利益，目标的区别导致双方共赢的契合点不好找。并且‘学校热、企业冷’的问题普遍存在，企业参与合作的积极性难以调动起来，只有具备情怀意识的企业家才有可能承担起企业的使命”。由于缺乏战略发展理念和社会责任意识，大部分未转型升级的企业参与技术技能型教育的内驱力和动力不足。即使开展了合作，企业也通常在专业设置、课程开发和实习实训管理等环节被边缘化。由此可见，有必要以法律法规的形式督促企业参与教育，下放部分参与教育的权利给企业，也明确企业有提供教育经费、实习实训设备、实训基地以及兼职教师等义务。此外，通过不断深化产学研合作可以解决相关问题，学校在实习实训过程中发挥引导作用、为企业提供技术创新和成果转化以及双方的股份合作都有效提升企业的积极性，实现合作的可持续。

在学校层面上，职业本科院校仅凭自身难以培养出高质量的人才，学校为确保培养目标的实现，积极寻求与企业的合作，建立集教育教学、模拟实训以及项目研究三者于一体的校内外实习实训基地。然而，由于缺乏先进制度理念，教育模式创新不足，大多数学校未能建立起校企双方均认可的合作制度。并且，由于学校自身专业技能水平和科研能力的限制，对企业提供技术服务的能力较弱，难以有效吸引企业参与其中。学校“一头热”的现象导致最终出现校企分离的局面，部分学校即使建立了大量合作对象也难以实现深度的合作。当前职业本科试点院校的校企合作对象大多延续了原本高职专科时期合作的企业，职业本科专业学生的实习实践形式也基本没有调整，导致难以保障高层次技术技能型教育的质量。

（三）多渠道经费与支持

经济是改革开展的动力，职业本科院校作为我国教育改革建立的高等院校，其发展需要更多的资源支撑。学校的建设发展离不开经费与支持，其中以政府的教育财政经费投入为主，社会的资源支持为辅，同时还接受其他各利益相关者提供的资金或支持。部分副教授谈道："职业本科教育要求学生不仅在理论知识方面达到本科的人才规格，还需要在实践能力上强于普通本科生，因此需要得到比普通本科教育更高的经费，但现实情况是经费投入问题普遍存在。"职业本科院校培养的是本科层次的职业教育人才，与普通本科院校培养人才的类型不同，人才的层次又高于高职专科院校，对学校的实践设备等软硬件、教师队伍等办学条件都有其特殊要求以及更高的需求。部分讲师提出"学校不同专业的教学设备设施配置存在不均衡问题，学校逐渐加大对职业本科专业的投入，并且要求各专业通过调研立项和入库进行发展"。职业本科专业人才尤其强调对其综合职业能力的培养，要求学校拥有更高的办学条件。对比可见，职业本科院校的人才培养成本远高于其他高等院校，政府在制定生均财政经费标准时理应高于其他高等院校生均经费标准。此外，不同职业本科专业经费投入的需求差异明显，部分制造类专业的实验和实训基地的建设成本高昂，这些基地的缺失必将导致其教育丢失应用性。对试点院校来说，必须合理地分配有限的教育经费，对本校的重点、特色或有特殊需求的专业进行更多的照顾。

教育财政经费的投入难免受到经济发展趋缓的影响，要求职业本科院校在高质量发展背景下优化资源配置，吸引社会的多渠道的经费与支持。部分教授提出"学校作为还处于试点发展的初期，如果缺少了政策和经费的支持将很难发展，但政府对学校的经费投入却相较于之前没有太大变化"。政府理应为试点院校设置额外的教育专项经费，但在招生规模不断扩张的背景下，其教育财政经费却没有得到对应比例的增长。多方因素使得生均经费不足的矛盾愈加严重，导致学校的教育目标将会与教育的实际情况产生较大差距。如副教授提出"职业本科教育会涉及很多实验相关的教学实践内容，即使教育方案设计得非常好，但在学校目前的状况下，这些相关的实验室、实训室能不能建起来都是存在的问题”。实际上，职业教育办学的关键就是合作，各利益相关者都是参与学校教育的力量。在此状况下，需要坚持政府投入为主，改变以往粗放式发展方式，以市场机制开展教育资源的配置。同时引导社会力量参与举办职业本科院校，具体形式包括合资办学、捐助、参与教学和课程编写以及技术支持等，参与合作办学的社会力量理应获得正当营利。政府也应当鼓励并对其实施一定的奖励或优惠政策，如经费奖励、土地使用、减免税收以及政府补贴等政策。在政策制定后容易忽视政策落实程度以及经费的流向情况，因此政府要对此过程的各个环节加强管理，保持其健康良好地运行。

（四）“双师型”教师队伍

对职业本科院校来说，完善的“双师型”教师队伍是其高质量教育模式构建过程中不可或缺的力量。职业本科专业教育的特殊性对教师提出了更高要求，不仅要有丰富的专业理论知识与良好的职业道德，还要具备较强的应用技术能力和实践经验，掌握不断更新专业理论知识和职业技术的能力。职业本科院校的教师类型多样，学校应该明确不同教师的职责与任务，根据教龄或任职课程类型等将教师进行分类，针对分类情况实施区别化管理。部分副高级谈道：“学校是合并转设来的，两所学校的教师队伍采取直接合并组合的处理方式，教师的类型和成分较复杂，如何进行管理和建设还是一个问题。”教师来源对教师队伍的质量具有显著影响，学校应针对不同来源的教师需要建立动态的管理制度和评价标准。对行政管理人员、理论课教师、实践课教师以及学术带头人等的学历、实践经历、科研成果和职称等提出相应的要求，以确保教师队伍的合理、特色以及最优化。职业本科院校作为本科层次的院校也应承担科研的职能，这就要求其教师能够发挥科研能力开展科学研究。但科研能力的缺失已经成为职业本科院校存在的共同问题，缺乏学术带头人、教师自身科研水平差以及缺乏科研奖励措施等原因都在很大程度上磨灭了教师科研的积极性。教师考核制度不应延续传统的学术科研评价观念，而是应该注重教育教学和多样化成果，鼓励教师除了学术研究外还参与技术研发和成果转化，为区域社会和经济创造效益。

目前我国的职业本科试点院校的教师来源途径多样、成分复杂且“双师型”

教师数量不足，难以适应职业本科教育的要求。试点院校教师队伍中老手教师占比较大，虽然教学经验丰富，但普遍学历层次不高，理论教学和科研能力水平还相对较弱。我国职业教育教师的培养还是沿用的普通教育教师的培养模式，重视学科性和学术性却忽略了实践性和应用性的培养，这也是导致职业院校教师缺乏“双师”能力的重要原因。学校要以其自身办学定位、教育目标、教学与科研需求等内容为依据确定“双师型”教师的认证标准和数量，再结合自身在职教师的知识结构、专业结构和年龄结构等情况开展教师队伍建设。部分教授谈道：“学校在教师队伍建设上实施了‘引育并举’的政策，‘外引’就是引进名校博士，‘内育’就是支持在职教师攻读博士。针对‘双师型’教师缺乏问题出台了新的管理办法，让教师脱产去企业深度参与工作，以此提升研发能力和实践能力。”大多试点院校目前对优秀教师或工匠的吸引力还不足，招聘的基本上是毕业后直接入职的新手教师，虽然具备较强的理论教学和科研能力水平，但缺乏教学经验和实践能力，难以保证职业本科专业的教学质量。同时，由于兼职教师相关法律法规的缺失，学校的兼职教师队伍还存在着数量欠缺、稳定性较差以及专业素质不足等问题。部分副高级认为“学校的教师之前更偏重于教学，在科研层面做得比较薄弱，所有职业本科院校都需要尽快补齐师资的科研短板，提升师资水平”。

职业本科院校在进行教师队伍建设时，首先必须完善“双师型”教师队伍建设体制机制，细化教师引进标准，引进理论与实践并重的复合型人才。学校通过健全制度，激发教师的积极性与潜能，充分调动教师的团队协作能力。并且注意根据学校教师队伍现实状况适度加大教师引进力度，解决教师数量与学校办学规模不匹配的问题。其次，学校需要重视在职教师的培训，采取不同举措满足各类教师的需求。鼓励部分老手教师通过进修、培训等方式提升学历和能力水平，创造条件让教师定期参与技能培训、前往企业开展实践、在企业内部挂职锻炼以及技能认定等。帮助教师提高自身的实践经验和技能水平，同时还可以了解行业企业的最前沿的知识、技能以及用人需求等。最后，学校还应该制定合理且规范的兼职教师聘任制度，建立一支由专家和具有丰富实践经验的技术人员组成的相对稳定的兼职教师队伍。学校在专兼职教师队伍的支持下形成资源共享和优势互补，有助于高质量教育模式构建。

二、职业本科院校高质量教育模式构建现实困境

（一）培养目标定位模糊

职业本科院校目前的教育目标定位还较为模糊，无论是教育部门、社会、学校还是学生家长等主体都对其认知存在一定偏差。教育目标是教育实施的总原则，也是教育的方向和动力，具有督促教育集中精力朝向目标开展的功能。教育目标的制定应该严格以需求为导向，需求是促进发展的核心动力，职业本科院校需要满足社会经济、行业企业和学生个体等对象的需求。然而，现实中的教育目标制定大多是由学校单方面进行，少有企业等其他的利益者的参与，导致目标与社会经济发展和劳动力市场需求脱轨。

作为一种新型高等教育机构，职业本科院校在目标制定时还需要遵循高等教育的发展规律，并为实现高等教育发展总目标而努力。我国高等教育的任务是培养高级专门人才、发展科学技术文化、促进社会主义现代化建设。传统社会观念导致我国人才选拔观念出现扭曲，高等教育结构化矛盾不断突出，从而出现二者发展失调的问题。部分院校为了迎合扭曲的人才选拔观念，盲目模仿普通本科院校，不但丧失了原本的办学特色，还导致毕业生失去了应有的职业竞争力。部分副教授谈道："从高等教育整体来看，普通教育得到的国家支持多于职业教育，同时社会传统观念导致大众普遍对职业教育存在错误看法，职业本科院校的发展也同样受此影响。"我国当前职业教育发展的总目标是完善现代职业教育体系，实现职业教育与普通教育的双向融通，打通中职、高职专科、职业本科以及专业硕士的纵向衔接渠道。职业本科院校应该考虑到职业教育发展的战略目标，并为目标的达成而服务。

各行业出现的管理体制障碍都可能影响职业本科教育的发展，但相关的监督、管理和责任问题却使得职业本科院校的问题日益复杂，让教育目标出现迷失。尽管官方文件已经提出本科层次职业教育要坚持高层次技术技能型人才培养定位，但是不同学校的实际教育目标却与目标要求不一致。访谈得知，三所学校的领导和教师都认为国家给出的职业本科院校教育定位是一个普适性的说法，学校在教育目标的实际制定过程中还是存在着困惑，不同学校制定的培养目标各形各色。

关于职业本科教育培养人才类型的目标说法较多，常见的包括技术应用型人才、应用技术人才、高端技能型人才和高级应用型技术人才等，同一专业的教育目标在不同学校的定位或表述方式也有较大差异，模糊的目标也将会影响到教育最终的质量。

职业本科教育应该面向社会经济发展、现代职业教育构建和个人成长发展等需求，在需求的基础上制定相适应且明确的教育目标。随着大众对高等教育需要的多样化，部分群体需要接受更高层次的职业教育获得良好的职业发展。职业本科院校的教育目标应该遵循因材施教的原则，制定多规格的人才培养目标，具体可以培养的人才规格包括技术技能复合型人才、设计研发型人才以及实践应用型人才等，保证其教育的多层次性。其中，技术技能型人才是学校教育中最核心的群体，能够从事广泛的技术技能岗位。设计研发型人才的培养注重开发、设计、创新和研制能力，能够从事新产品、工艺或工程的设计研发工作岗位。实践应用型人才教育注重专业方向的实践与应用能力，能够从事具体针对性操作工作岗位。如部分副高级举例谈道："学校新能源汽车工程技术专业把教育目标定位在汽车试质和测试岗位群，'前探设计、后顾质量管理，以试质和测试为主'，使得学校的教育与普通本科院校、高职专科院校有一定的交叉。"可见，部分学校或专业的教育目标已经注意到多元性和针对性，并开始遵循因材施教原则，多规格的教育目标给予学生更丰富的职业发展和选择。

（二）培养主体合力不足

职业本科教育在发展过程中应该遵循高等教育系统的规律，主动寻求与行业企业、普通本科教育等其他主体的合作，最终实现从小到大、由简入繁的发展。仅依靠职业本科院校一方实施教育难以保证教育质量，还需要多方利益相关者的协同配合，形成教育合力，最终才能实现高质量的教育。行业企业与学校的合作是教育合力的核心组成部分，政府也在促进校企合作方面发挥着不可替代的作用。部分副高级谈道："中央政府对学校的教育带来的影响主要是政策方面的支持和业务上的指导，而市政府提供了很多包括推动校区建设、产教融合等方面的支持。"中央政府通过出台法律法规明确校企合作中学校与企业各自的权责、制定相应的激励和惩罚制度，具体可操作的法律法规为校企合作提供法律保障。地方政府则遵循国家法律法规要求，依据地方具体情况制定本地区相适应的政策制度，提供更多的是各类资源的支持。由于职业本科教育具有“区域性”特性，地方政府在促进校企合作方面具有更强的效能，要调动其积极性，充分发挥统筹管理能力和统合能力将学校和市场紧密联系起来，构建教育合力深化的高质量教育模式。这样既保证了国家法律法规的落地，避免出现制度不匹配等问题，还能充分体现出地方性优势，满足不同区域学校和企业的实际需求。

除政府外，行业、企业以及社区等主体也对教育的实施产生着相应的影响。行业组织负责制定专业相关的多方标准，标准对学校的教育起了一个宏观的指导作用，其组织开展的职业技能竞赛也成了教育的重要组成部分。企业是教育的重要主体，直接参与学校的教育并对其产生深远的影响。如教授谈道：“学校直接与企业对接，共同制定教育目标、方案以及课程标准等，通过订单班、现代学徒制等形式参与教育的具体过程。”此外，企业还会与学校共建校内校外实训基地、产业学院，提供协同创新、技术研发、企业导师、兼职教师、实习和就业岗位等。社区相较于行业和企业来说，属于比较边缘化的教育主体，但也不可忽视其对学生综合素质的影响。访谈得知，三所学校的教务部门管理人员都认为，社区参与对教育的影响较为隐性，主要是通过志愿服务、第二课堂、社会实践以及实训岗位等，对于学生综合素质的培养起到了一定的作用。

（三）培养途径存在弊端

职业本科院校应该以社会发展需要和工作岗位需求为依据选择培养途径，帮助学生掌握本专业真实工作场景所需的技术技能，但现实情况中还存在一定的弊端。教学途径方面，学校存在的弊端主要包括实践性不突出和教学内容与需求脱节。教育目标要求职业本科院校注重实践性教学，只有当实践性教学达到一定比例才能保证学生得到较为系统的基本技能训练和专业技术训练。但由于职业教育课程的开发大部分是学科逻辑而非职业导向，学校的课程设置存在实践性不突出的问题，使得实践性教学比例也难以达到应有要求。与此同时，学校教学还存在与社会需求严重脱节的问题，表现在教学内容未能及时更新，学生学习的知识和技能过时、与企业工作实际差距较大，导致毕业生上岗前必须参加企业的培训。非教学途径方面，学校通常忽略对学生综合素质和创新能力等方面的培养。非教学途径主要是开展相关素质拓展活动和创新教育，包括第二课堂活动、文体活动、社团活动、志愿服务活动、社会实践以及科技创新活动。由于大部分学校忽略或者不注重非教学途径，导致其学生综合素质和创新能力的培养效果不够理想。

对职业本科院校的教育来说，无论是教学途径还是非教学途径，弊端存在的核心就是缺少校企合作。其学生所需的知识与能力中相当部分难以在学校中获取，必须在实际工作场景下才能获得。因此，职业本科院校在教育途径的选择上必须密切与行业企业进行合作，走校企合作、工学结合的发展道路。部分副高级谈道："校企合作是职业教育研究的重点和热点，但总体上还存在着'学校热、企业冷'的问题，学校的合作意愿强烈但企业的参与度不高，国家也想通过一些惠企政策来调动企业的积极性。"企业一般以利益为重，学校的单方面受益也很难维持合作关系。由于缺乏法律法规的规定或约束，企业的责任感和参与感较弱，目前很多的校企合作只是流于形式。虽然已经与不少企业建立合作关系，但真正开展深度合作却只有很少一部分。根据合作范围、合作程度和合作收益等方面的区别，可以将校企合作划分为四个层次。全面合作层次指学校与企业组成利益团体，在多领域开展全方位且深入的合作。专项合作层次指学校与企业在某一专项领域内开展实质性的合作，但暂未形成稳定的利益团体。浅层合作层次指学校与企业在极少的领域内进行较为随意的合作，缺乏稳定性且不一定能实现双方受益。无效合作层次指学校与企业仅仅签订了合作协议，但长期没有开展任何形式的合作。由此可见，只有避免出现浅层合作和无功合作，追求全面合作和专项合作，才能提升企业的积极性和参与度，确保校企双方共同受益。

高质量教育模式需要试点院校转变高职专科院校以往的僵化思想和办学体制，实施开放的教育，积极建立校企深度合作的长效机制。访谈得知，三所学校或专业均已逐步邀请企业参与上述教育环节中来，并且取得了一定的成果。联合实施教育可以提高教育质量，共同开展项目研发能够提升双方科研能力。产学合作有助于学生学习理论知识的同时还可以接受真实工作场景的实践训练，实现了学校高质量教育的目标，毕业生也达到了行业企业所需的高层次技术技能型人才标准。我国大部分企业由于自身水平不足难以开展技术项目研发，发展潜力受到极大的限制，只能止步于中小型企业。学校与这些有战略发展需求的中小型企业达成合作协议，协助企业开展技术基础性研究、科技成果转化、生产问题解决、技术咨询以及社会调研等。

（四）培养评价亟待优化

教育评价是检验教育效果，反馈并改进的最主要方式，但现实情况中不同主体在教育评价中的权力分配极不合理。职业本科教育的利益相关者数量众多，可分为核心利益相关者、重要利益相关者和普通利益相关者三个层次。试点院校除了必须接受政府相关部门的监督管理，还应接受来自企业、学生和家长等利益相关者的监督评价。企业既是职业本科教育的主体，也是职业本科教育人才的需求者，顺其自然地成为教育评价的重要主体。学生是职业本科教育的对象，学校的教育要最大程度地满足学生需求，不是单纯培养其职业能力和职业素养，还要注重其身心全面发展和可持续发展能力的培养。家长作为职业本科教育的消费者，学校的教育也需要满足家长提出的合理需求。但现状是政府相关部门的权力过于集中，而学校、企业、学生和家长等利益相关者的权力过于弱化，必须合理分配各方利益相关者的权力，建立多元的教育评价体系，协调各个主体在明确各自权力的基础上分工协作，主动参与教育评价。

政府在协调与平衡教育评价各主体权力方面具有重要影响力，需要其通过制定法律法规、经济手段等方式构建多元的教育评价体系。在人才培养评价过程中，不同利益相关者会表现出明显不同的需求冲突，亟须政府采取措施对这些冲突进行协调。在法律法规的基础上，进一步制定灵活且有针对性的政策措施，宏观层面上保证教育评价合法且规范。此外，还可以利用资助、拨款等经济手段促进教育评价体系的发展。高等职业教育正朝向专业化和多元化方向发展，政府相关部门的工作人员逐渐难以适应其教育评价，需要具备专门评估理论和评估技术的专家队伍或专门团队参与，由此催生出第三方教育评估。第三方教育评估主要由中介机构完成，通过其科学、客观且权威的评估获得政府、社会大众和学生家长等的认可。但是中介机构具有营利性质，可能在经济利益的驱动下出现虚假评估的现象，政府必须对其加强监督和管理，保证评估结果的真实性。

学校对教学的微观评价是教育模式构建的重点，主要涉及评价阶段、评价目的、评价依据和评价方法四方面。评价阶段一般包括诊断性评价、形成性评价和终结性评价。诊断性评价指在教学活动前开展的为了解学生真实学习状况的评价，形成性评价指在教学活动中开展的为了反馈并改进教学的评价，终结性评价指在教学活动结束后开展的为了评定学生现实能力情况的评价。部分副教授提到："我们之前使用更多的是诊断性评价和终结性评价，但现在更强调形成性评价和过程性考核。"评价目的包括反馈、鉴别、诊断、调节、选择和激励等，反馈能够找出学生与培养目标之间的差距并督促其朝向目标发展，鉴别可以考查学生是否达到培养目标或达到标准的程度，诊断、调节和选择可以对学生的问题进行价值判断、归因分析并且提出改进措施，激励可以激发学生学习的内部动因和教师的工作积极性。评价依据有考试成绩、能力考核、实践成果以及创新思维等，评价方法有闭卷考试、开卷考试、项目论文、答辩演讲、调研报告、教师评分以及学生互评等多种形式。部分副教授谈道："学校才开始招收本科生，对本科学生的培养考核评价与专科相比变化不算很大。在本科学生的评价中增加了置换或者赋分，学生凭借参加的专业相关的技能大赛以及课外活动的获奖在评价后置换课程学分。"部分讲师谈道："学校所有课程都需要考试，但不同课程的考试成绩占比不同，实践性操作较多的课程考试成绩比例下降，其他评价的比例相对上涨，评价包括线上平台成绩、教师评价、企业导师评价以及学生互评等。"部分副教授谈道："学校对职业本科专业教育评价有较大的调整，评价标准借鉴职业技能等级证书考评的一些资料和标准，同时也参照了国家技能大赛的一些标准，涉及职业素养、团队合作以及安全意识等。"传统的人才培养评价以笔试考试形式为主，难以有效反映实践教学成果、测量学生实践能力。大部分学校暂未建立起独立且健全的教育考核体系，因此无法对各式各样形式的课程进行科学合理的评价，不利于学生实践能力和创新能力的培养。

（五）培养适应性需增强

职业本科试点院校应该促进自身的协调发展，为确保高质量教育模式的构建而增强其教育的适应性。其教育具有特殊性，需要同时适应职业教育和高等教育二者的内部发展规律。我国当前高等职业教育的办学主体还是高职专科院校，其整体培养的人才较为单一且社会适应性较弱，这也要求职业教育的教育层次进行相应升级。职业教育是一种具有较强的跨界性的教育，其教育必须秉持一种跨界的思维，跳脱单一的模式，选择与外界建立合作办学、合作育人，建立校企合作以及工学结合的教育良性机制。学校的教育要以市场为导向，适时对劳动力市场展开调研并紧跟市场步伐，根据社会和劳动力市场对人才规格的需求而灵活调整教育机制。

目前我国大部分学校都还未建立灵活且适应市场需求的教育机制，在课程设置、教材和设备设施等方面与真实的职业需求存在较大差距。由于大多学校独立开展课程开发、教材编写和实训基地建设等工作，忽略行业企业的重要作用。这也导致具有周期性的课程、教材和设备设施难以呈现最先进的岗位知识与技能，甚至远远滞后于岗位需求，从而难以适应社会经济发展和劳动力市场的需求。部分讲师认为“学校在进行教育方案制定等工作时，行业企业发挥的作用还很薄弱，加上职业本科专业刚开始招生，还没有开展完整的四年培养，也不知道能不能适应其发展，只能在探索过程中慢慢发现并解决问题”。学校师资方面，受到校企合作不深入、在职教师的工作实践未能落实以及企业兼职教师较少等因素的影响，其中大部分“双师型”教师数量严重短缺，在职教师实践能力也难以提升。学校设施方面，存在实训基地设备设施数量不足及陈旧等问题，影响学生正常参与企业岗位真实操作，从而导致毕业生难以适应企业岗位任务。学校评估方面，我国当前教育评估的学术导向评价观念深厚且不适用于职业教育，可能造成职业本科院校朝普通本科院校的方向发展。

虽然我国职业本科院校在数量上已经得到一定程度的发展，但高层次技术技能型教育的适应性仍然亟待增强。一方面，现有的职业本科院校的数量还只是普通本科院校的一星半点，并且三十余所试点院校目前招生的专业中本科专业所占的比例较小，其毕业人数远远无法满足区域劳动力市场对高层次技术技能型人才的需求。另一方面，由于职业本科试点院校受到课程设置、教材、设备设施、教师队伍、教育评估以及校企合作等诸多方面问题的影响，培养出的毕业生很有可能不能适应区域产业需求，必须再接受一段时间的培训才能真正走上岗位。

（六）培养特色尚不突出

我国职业本科院校均已开展职业本科专业教育试点工作，虽然其培养人才的层次高于高职专科院校，但培养特色不突出的问题仍然普遍存在。部分副教授认为“学校职业本科专业的教育才刚刚开始招生半年或一年半，现在谈及人才培养特色还为时尚早，许多的特色需要在实践中逐渐形成和提升”。办学定位是学校依据社会经济发展需要、自身发展历史以及现状制定的一段时期内的发展目标和方向。由于长期以来缺少国家层面明确的引导性定位，我国不同层次和类型的高等院校的办学定位都呈现出趋同化的特征。受到错误的社会观念的影响，大多职业院校不安于目前的办学类型而开始过度追求教育普通化和学术化。其结果是学校学术科研发展是心有余而力不足，培养的学生就业竞争力也难以保证，造成高等教育的同质化现象严重，高等教育人才出现严重的结构性矛盾。为保证自身的生命力，追求可持续发展，职业本科院校必须不断开展内部改革，强化内涵与类型特色，提升高层次技术技能型人才培养的特色。

专业设置是学校教学工作的逻辑起点，对学校的教育质量和特色产生重要的影响。专业是教育的最基本单元，也是学校与产业、企业的基本接口。教育的发展深受社会经济发展水平的影响，职业教育的发展更是受到产业发展的影响，不同地区社会经济和产业发展的差异使得职业教育朝向不均衡和多样性发展。职业本科院校的教育应适应我国经济发展和区域产业布局，而非简单地追求热点或者落实政策。不同区域的文化、地理、环境和产业等特色也为学校的学科和专业特色创造了条件。部分教授谈道：“学校申报的本科专业与本省主导产业和新兴产业紧密结合，注重专门化和适应性，不会贪大求全。”副高级谈道：“学校本科专业设置的依据体现在三方面，分别是区域产业布局、学校专业群规划以及专科时期的办学基础。”部分教授谈道：“学校申报的职业本科专业首先需要满足《本科层次职业教育专业设置管理办法》的规定，其次是匹配区域发展最急需和生产变革最新兴的专业，最后还必须是学校比较优势或者特色的一些专科专业。”部分职业本科院校可能在专业申报时出现优先考虑在招生和就业中抢手的热门专业的现象，而忽略了部分真正缺乏人才的冷门专业，导致出现学校专业结构与产业结构的不平衡。当前所有的试点院校都处于逐步申报职业本科专业的阶段，学校在申报时应该在符合政策规定的基础上，以区域产业需求为导向，根据专科各项优势和特色条件，构建相适应且特色突出的专业群。专业群促使专业之间相互补充促进，从而保证学校自身教育的行业特色，进而提升学校教育质量。

三、职业本科院校高质量教育模式构建影响因素

（一）社会传统价值观念因素

路径依赖与路径创造理论都认可历史的重要性，社会传统价值观念就是在历史发展过程中逐渐形成的一个有内在逻辑且相对稳定的系统，其对制度、教育以及教育模式等方面内容产生广泛且持久的影响或制约。我国上千年的历史中形成了大量积极的传统价值观念，但同时也存在不少对教育的发展或改革产生阻碍的消极观念。中国传统文化强调天人合一，缺乏创新精神，其行为模式基本上是压抑个性、否定个性。受此观念影响，我国教育在长期的发展过程中，均注重对学生实施群体性教育，培养的人才共性较多，但也因此缺乏了个性和创造性，对社会科技创新造成明显的消极影响。在长期以来形成的社会本位的教育价值取向的影响下，我国高等教育的教育模式大多统一性地偏向服务社会发展需要，进而忽略了学生发展的需要。

社会上还存在着深厚的"重学术、轻技能"的传统价值观念，导致社会大众对职业教育有着大量偏见。不少家庭在报考学校时固守传统旧观念，不顾孩子自身情况，一味功利化地追求普通学术教育，而职业教育则被视为失败者的选择。大部分高等职业院校都是地市级政府、省级行业部门或者企业举办，还存在着办学层次不高、政府投入不足、设备设施欠缺以及教育质量难以保障等问题，同样加深了社会大众对职业教育的偏见。即使是迫切需要技术技能型人才的企业，也在学历主义的影响下对两种教育毕业生区别对待，职业教育毕业生的薪资和待遇都普遍低于普通教育毕业生。社会传统价值观念对职业教育发展目标、教育模式的选择乃至整个高等教育的发展都有极其重要的引导作用。职业本科院校要构建高质量教育模式，必须规避社会传统价值观念的消极因素，实现对职业本科院校教育模式及其价值取向的纠偏与改革。

（二）区域产业经济发展因素

由于经济水平等方面的差异，我国不同地区的产业结构发展水平不平衡，但也因此形成了各自特色的产业，其主导和优势产业将影响其教育未来的发展格局。改革开放后我国经济水平发展迅速，良好的经济基础促进了各项产业的发展。以

东部沿海地区为例，在国家政策支持下，其抓住机会建设了包含服装、纺织、家具在内的众多劳动密集型产业。这些产业的出现与发展不仅促进了区域的经济增长、产业设施的齐全，还推动了相关行业企业的发展，但同时对从业者技术的需求也随之提高。区域经济发展情况制约着高等教育的未来发展方向，其产业发展形态更是影响学校的办学定位和教育目标。此外，职业教育离不开校企合作，职业本科院校理应根据岗位需要构建教育模式，以此培养出企业所需求的人才。但目前我国职业院校整体的校企合作程度还不高，追根溯源还是校企合作的成本高于其收益，企业参与的积极性不足。

经费是教育的基础，职业院校需要建设大量的实习实训基地以及设备设施，其教育更是离不开高额的经费投入。我国职业教育的经费来源整体较为单一，主要源于政府的教育财政投入。新职教法提出，通过优化教育经费支出结构促使职业教育经费投入适应职业教育发展需求，要求各级人民政府按照事权和支出责任相适应的原则，根据职业教育办学规模、培养成本和办学质量等落实职业教育经费。我国高等职业教育自产生以来，其院校规模迅速扩张，招生人数达到高等教育本专科招生人数的55%。但分析数据可知，政府财政性教育经费投入存在突出的倾斜和失衡问题，普通高等院校的教育经费投入力度明显大于高等职业院校。与此同时，社会力量的经费投入渠道不完善，难以补充政府财政性教育经费投入的不足。教育经费的高低会直接影响职业本科院校基础设施、教学设备、实训条件以及师资队伍等方面的建设，当学校的办学条件不能适应教育需求时，就会阻碍高质量教育模式的构建。

（三）现代职业教育体系建设因素

现代职业教育体系是一个由中职、高职（专科）、本科以及研究生层次组成的有机整体，其根据需求培养适应现代化发展的各级各类技术技能型人才。现代职业教育体系的建立是政府、社会、教育与行业之间相互博弈的结果，对我国来说，政府在体系建设上发挥着关键作用。只有当职业教育发展至本科甚至研究生层次后，才能称为现代职业教育体系，但我国职业教育的发展长期止步于高职专科层次。因此，国家提出的构建具有中国特色的现代职业教育体系的发展目标，对职业教育的发展具有至关重要的意义。我国早在2002年就提出建立与社会主义市场经济体制相适应的现代职业教育体系目标，后又在政策规划中多次提及并推进，对构建现代职业教育体系的支持为职业本科教育的发展创造了机遇。

现代职业教育的发展受到社会传统价值观念、教育理念、经费投入、劳动人事制度等多方面因素的挑战和制约，最终形成深层次的体制性障碍，表现在职业教育内部升学发展受限、职普融通困难等。我国的教育体系整体呈现出明显的不均衡特征，普通教育的教育体系已经初步健全，而职业教育的教育体系却亟待完善。高职专科院校的学生想学习深造，大部分只能选择升入普通教育体系重新接受学术教育，导致丢失了职业教育的特色与属性。作为现代职业教育体系的重要组成部分，职业本科教育的出现有助于体系整体功能的发挥，不仅打通了与中高职教育的升学通道，还为专业型硕士输送对口生源。此外，现代职业教育体系还应强调横向融通，促进职业教育与普通教育的沟通协调，为学生灵活选择更高层次的不同类型教育提供机会。职业本科院校还可以与普通本科院校开展校间合作，在课程、师资、实践等方面发挥各自的优势，实现人才一体化培养。

（四）职教教育模式自身因素

我国现代职业教育起步较晚，虽然已经为社会培养了大量应用型人才，但其教育模式依然存在问题与不足。我国职业教育在初期阶段主要是通过借鉴和模仿国外职业教育的理论和经验基础进行发展。部分发达国家的现代职业教育源远流长，总结出各自特色的教育经验，并且构建了相对成熟的人才培养模式。我国高职专科院校积极学习国外办学经验，尝试不同的教育途径和方法并在实践过程中摸索改进。然而，由于借鉴片面化、模仿较为表面以及未进行本土化改造等原因，不少学校的教育模式亟待完善。教育模式构建的核心问题就是培养什么人才，制定什么教育目标。普通本科院校的教育定位已经较为明确，但高等职业院校的教育定位还不够科学。以促进就业为导向、能力本位取向的教育目标未能在具体的培养过程中得到落实，导致其培养人才的职业能力和素质不足。高层次技术技能型人才需要具备丰富的职业专业理论知识，掌握综合职业能力，同时拥有较强的职业素养。目前职业院校以学习专业理论知识为主，以实习实训为辅，导致学生难以统一理论与实践，知识、技能、素养没有形成合力，教育质量受到影响。

受计划经济时期政策的影响，国家对高职专科院校高度集权的管理体制阻碍了学校自主权的落实，最终导致自身办学模式和管理体制僵化。当前高职专科院校都或多或少保留着历史形成的依赖思想，其办学机制难以灵活适应市场的需要，这也在一定程度上阻碍了其教育模式的构建与改革。职业本科试点院校形成的主要途径是由高职专科院校独立升格、高职专科院校与独立学院合并组建，因此其教育深受原高职专科院校或普通本科院校路径依赖的影响。同时，部分高职专科院校由于受到趋利性的影响，致使其自身定位模糊、缺乏办学特色，也间接影响职业本科试点院校的发展。为此，职业本科院校在进行高质量教育模式构建时要主动适应经济和社会发展需要，清楚学校在区域经济和行业企业发展中的重要性，避免出现曾经职业教育模式出现的问题。

第三节　职业本科院校高质量教育模式构建策略

一、职业本科院校高质量教育模式构建的价值取向

(一)社会发展的需要

作为影响社会发展的关键性高等教育机构，职业本科院校必须满足其对高层次技术技能型人才的需要。为社会育才是教育的核心任务之一，因此社会发展的需要也决定着人才的培养规格。我国当前发展亟须大量的技术技能型人才，离不开高等职业教育，而高等职业教育改革对职业本科院校有创生发展的需求。只有当职业本科院校培养的人才满足社会需求时才足以体现其价值所在，其构建高质量教育模式的价值取向就是通过培养高层次技术技能型人才推动社会的高质量发展。

社会发展与经济关联紧密，经济水平的高低能够促进或者阻碍社会发展，从而对教育的发展与变革造成影响。不同经济水平下社会对高等教育培养人才的层次与类型有着不同的需求，这也影响着职业本科院校的产生与发展。市场经济的背景下，劳动力市场为获得最大化的效益而优先选择适应工作劳动的人才，因此要求职业教育重视对学生能力的培养。知识经济的背景下，劳动力市场为应对科

技竞争优先选择具备知识创新、技术创新等素质的人才，因此要求职业教育重视对学生综合素质的培养。经济的迅速发展推动了我国科技的进步，进而加速了产业结构的调整与转变。为确保企业的顺利生产、促进经济建设和社会的发展，必须依靠职业教育培养一批符合需求且结构合理的劳动者，同时培养劳动者的综合职业能力和创新能力并提高其各方面素质。官方文件中提出职业本科院校的办学定位是培养高层次技术技能型人才，若其教育方向出现偏移，培养的人才难以适应劳动力市场需求，更无法满足社会发展的需要。

（二）学生发展的需要

作为高等职业院校的重要组成部分，职业本科院校的教育必须满足学生对更高层次职业教育的需要。对教育的价值判断，除了评估其对社会发展的影响，还应该衡量其对学生发展的作用。职业本科院校高质量教育模式构建具有“个体本位”的价值取向，个体本位论认为个体的价值高于社会，个体处于核心的地位。教育应该认识到学生创造的价值和学习的本能，尊重其个性与独特性的同时促进个性和终身发展。高层次技术技能型人才是我国社会发展最紧缺的一种人才类型，具有重要的培养价值，以高质量为切入点探讨职业本科院校教育模式足以体现“个体本位”的价值取向。职业本科院校高质量教育模式将培养能力的价值放在首位，必须清楚教育的目标，以此满足学生成为技术师、工程师以及建造师等职业的各类需求。

学生是具有复杂性的教育对象，其培养模式的构建既受到宏观层面政治、经济等因素的影响，还受到微观层面学校和自身等因素的影响。学校是教育开展的主阵地，国家政策和教育方针大多通过学校教育得到落实。尽管社会对教育的需求不断多样化，但目前最主要且最重要的教育场所依旧是学校。我国高等院校发展初期主要模仿前苏联专业教育的教育理念和培养模式，教育理念忽视学生个性化和终身化发展、培养模式单一且缺乏特色等一系列问题逐渐显现。高等职业院校在教育理念和培养模式方面同样存在亟待改革，高质量人才培养模式的构建有利于职业本科院校在相适应的教育思想和理论的指导下遵循社会经济发展的相应需求和人才成长的各类规律，更新教育目标，完善高层次技术技能型教育体制机制。

（三）路径创造的需要

作为我国教育改革的新生事物，职业本科院校的教育模式应该解除高职专科院校和独立学院教育模式的路径锁定，弥补二者由于路径依赖出现的缺陷，最终创造适用于自身的新路径。路径依赖与路径创造理论都认可历史的影响力，历史积淀的知识形成了教育内容，又会产出新的知识继续传承，此过程中形成了文化、传统和制度。其中不随着人主观意志而转移的部分形成了非正式制度，我国学校的教育同样受到来自历史和社会价值观念、伦理道德等非正式制度的影响。传统文化中的“重知识、轻技能”思想对教育的影响格外明显，体现在普通教育因培养知识型人才而受到追捧，而职业教育则因培养技能型人才遭受轻视，职业教育在社会地位和毕业生待遇上都远不及普通教育。

我国的高职专科院校在办学机制方面呈现出明显的僵化现象，其深层原因是政府在计划经济时期实施的政策。作为我国目前高等职业教育的核心主体，高职专科院校依旧遗留着发展过程中形成的依赖思想，现有办学机制难以灵活适应市场的需要，也阻碍了其教育模式的构建与改革。由于职业本科试点院校中绝大部分是由高职专科院校独立升格、高职专科院校与独立学院合并组建而成，导致其教育深受原本高职专科院校或普通本科院校路径依赖的影响。从而使得试点院校面临培养目标定位模糊、培养主体合力不足、培养途径存在弊端、培养评价亟待优化、培养适应性需增强，以及培养特色不突出等现实困境。职业本科试点院校只有在教育改革过程中正确处理路径依赖和路径创造二者之间的关系，突破路径依赖并形成路径创造，才能最终构建高质量教育模式。

二、职业本科院校高质量教育模式的构建原则

（一）指向性原则

指向性原则要求学校在符合国家教育总目标的前提下，确立以实现高质量的教育为核心思想，确保教育模式各构成要素的选择工作必须围绕强化教育质量来进行。目标是学校构建教育模式的基础，是教育活动有方向性且高效进行的内在要求。职业本科院校兼有职业教育与高等教育的双重属性，其教育需要同时符合教育法、职业教育法以及高等教育法的总体目标，以保证职业本科教育方向的正

确性。全体学校要树立人才培养一切围绕目标的核心意识，即使制定的目标各具特色，但最终还是以官方政策文件为根本依据。学校在教育的具体规格的确定上，则需要以各专业对应岗位群所需的职业知识、综合职业能力以及素质等方面为依据。在专业与课程设置方面，同样要基于教育目标，充分进行社会与区域需求调研，分析调研结果并根据学校自身优势开展相关工作。在培养目标的指引下，建立科学合理的教育工作质量标准，这也是对教育工作进行评价的基本依据。因此，职业本科院校制定的培养目标必须以培养高层次技术技能型人才为基准，以区域社会经济发展需求为指向，以职业对人才的要求为依据，注重学生知识、技能和素质的协调发展，满足社会对人才的需求和学生终身发展的需要。

（二）整体性原则

整体性原则要求学校针对教育这一复杂的系统工程，需要从整体的角度出发对高质量教育模式进行构建。整个教育模式的构建是一项由小向大、由浅入深，循序渐进开展的工作。在符合教育的规律和特点的基础上，按照各教育模式构成要素的重要性、作用以及内在关联，整体性地进行统筹和安排。教育目标是开展教育的总原则，深刻影响着其人才培养模式构成要素的确立，能够为其要素的选择指引方向。教育内容是培养主体向培养对象实施教育的介质，决定着教育的正确性与合理性。人才培养途径是培养主体为教育采取的一系列方式和手段，是实现教育目标的基本保证。教育评价是评价主体根据科学标准对教育的全环节以及最终质量等方面进行的合理评判，是检验教育效果并进行反馈与改进的最主要方式，有助于其他构成要素进行监督、反馈以及调整。教育制度是培养主体针对教育制定的政策规定、程序及其实施体系，是学校开展人才培养的重要前提和保障。因此，职业本科院校在进行高质量教育模式构建时，要正确把握其办学定位，渗透现代社会所需要的职业本科教育培养人才的素质和能力，并合理地进行整体性分析，最终选择科学的构成要素。在构建人才培养模式时，必须注重各要素的相互协调、层次分明和有机统一。

（三）可行性原则

可行性原则要求学校运用科学的理论和方法开展高质量教育模式构建，在教育目标、培养内容、培养途径、培养评价以及培养制度的制定上需要做到符合客观规律、实事求是且便于操作。职业本科院校的出现是为了适应社会经济发展和劳动力市场的需要，这也成为学校确定教育目标和规格的依据，在高层次技术技能型教育的总体目标下研究制定具体可行的各层次目标和规格。设计的教育目标和规格必须确保在职业知识、能力和素质方面的合理化，并且实现与教育内容、培养途径、培养评价和培养制度组成最优的组合。培养模式的构建如果脱离了可行性，势必会导致一系列问题的出现，包括教育经费分配不合理、培养目标过高而难以实现、培养目标过低而导致就业率低、课程设置增加教师教学难度以及校企合作难以深入等。此外，同一培养模式只能适应该校一段时期内的教育，高质量教育模式必须同时具备动态演进和契合需求的特征。为确保教育模式的可行性，学校还应该建立全面的质量管理体系，通过加强制度建设，切实管理和规范教育内容、途径和评价，最终实现教育的针对性和可操作性。

（四）合作性原则

合作性原则要求学校在构建高质量教育模式时，必须实现多方利益相关者的合作参与。职业院校的教育是一个系统且复杂的过程，仅凭学校内部的教育难以实现高质量的教育，其教育相较于普通本科院校最显著的特色就是注重开展产学研一体化的教育。职业本科院校为了实现高质量的教育，需要发挥多主体协同作用，得到来自行业企业、政府部门、学校师生以及社会等各方组织团体的支持与配合。各利益相关者的合作贯穿于人才培养方案制定、专业与课程设置、培养实施和培养评价等方面。其中，行业企业作为其教育最重要的主体之一，更是应该参与教育的全过程。职业本科院校教育模式的构建首先少不了国家政策制度的支持，这些顶层设计将会直接影响学校发展的好坏甚至存亡。其次，学校教育模式构建需要得到资金、人力和智力等各类资源的支持，地方政府、行业、企业、捐赠者以及研究者等组织团体为学校的发展事业创造了良好的环境和条件。最后，人才培养模式构建同样需要在具体的实践环节中得到真正有效的落实，企业和学校师生认真践行高质量教育模式中的相关要求与规定。只有有效利用各利益相关者的资源，才能促进协同功能的发挥，保障高质量教育模式的构建。

（五）诊改性原则

诊改性原则要求学校在完成教育模式构建后，应该根据社会经济发展、劳动力市场需求的动态变化而持续诊断与改进，并不断朝向高质量的模式发展。在高等教育大众化背景下，我国高等层次人才的培养也逐渐朝向多样化发展。职业本科院校作为高等职业教育的新生事物，其教育规格也同样应该体现多样化，在构建高质量教育模式时也尝试选择具有多样化发展特点的构成要素进行组合。虽然我国职业本科试点院校的数量已经增长至三十余所，但大部分试点院校均缺乏成熟的职业本科教育模式构建的经验，只能在教育的过程中逐渐摸索，也就难免出现一系列的问题或困惑。此外，由于人才培养的实践早于政策与研究，国家、地方以及各类研究者对职业本科院校诸多方面的认识还未统一，也使得试点院校在教育模式构建过程中出现僵化或落后的现象。任何事物都处于不断发展和变化中，高层次技术技能型人才的需求也在日益动态变化。因此，教育模式的构建也应该实事求是地分析培养现状，探索出一条适应社会需求的道路，并且坚持以未来发展趋势不断诊断和改进。各学校可以因时制宜、因地制宜和因校制宜构建各自的教育模式，避免出现照搬其他教育模式的问题。

三、职业本科院校高质量教育模式的构建路径

（一）明晰教育目标

职业本科教育作为一种新的教育类型，应该明晰其教育目标的特殊性，避免出现与其他高等教育“同质化”的问题。教育目标决定着教育的类型和层次，职业本科教育兼具职业教育与高等教育的双重属性，其人才培养目标的类型归属于“职业性”而层次体现出“高等性”。2021 年，教育部印发的《本科层次职业学校设置标准（试行）》中指出：本科层次职业学校要“坚定职业教育定位、属性和特色，培养国家和区域经济社会发展需要的高层次技术技能型人才”，与高职专科院校的人才目标相比增加了“高层次”和“技术”的要求，这也足以体现职业本科院校的培养目标是基础理论扎实且实践能力强的高级专门人才。同时，其培养的毕业生还应该达到与普通本科院校相当的学业标准和综合素质水平。

在明确培养人才类型和层次定位的基础上，应依据职业岗位对从业者知识、能力和素质三方面要素制定具体的培养规格。知识要素主要涉及两类知识，分别是科学文化知识和专业知识。科学文化知识指有关自然、社会和人文的基本规律

性知识，是进一步深入学习的知识基础。而专业知识指各学科领域形成的较为系统化的专业理论知识。能力要素是从业者身上呈现出的综合职业能力，由一般能力、专业能力和核心能力组成。一般能力指从业者具备的与智力或社会有关的能力，包括学习、思考、交流以及社会适应等能力。专业能力指从业者完成技术性工作所需的能力，包括知识转换、技术管理、技术操作以及技术诊断等能力。核心能力指从业者职业生涯所需的适应技术进步、创新发展和岗位变动的关键性能力，包括团队协作、问题解决以及创新等能力。素质要素相较于知识要素和能力要素有着更高层次的要求，是从业者应该具备的各项基本素质。三大要素相互影响并促进，知识的具体运用体现为能力，能力需要知识作为基础，而素质则是潜移默化地影响着知识和能力的掌握与运用。因此，学校也需要将知识、能力和素质三者在教育目标中明确体现出来。

职业本科院校的培养目标主要指向技术师、工程师、建造师以及管理者等职业，需要具备应用性和复合性的知识、能力和素质，适应新兴产业岗位需求。在符合明晰教育目标的情况下，职业本科院校的学生毕业就能从事相应的技术或管理工作，并且经过工作实践锻炼还能成为担任主持产业研发、现场生产和管理的工程师型人才。但学校也不能苛求全体学生必须在各个方面表现突出，应该根据其自身的基础、特点、兴趣爱好等挖掘其潜能，促进其某一方面优势的发展，同时也间接增强其就业竞争力。

（二）改革专业课程设置

专业与课程是学校对学生实施教育的基础和介质，对教育的实施具有重要影响。不同教育类型的专业设置存在显著差异，职业本科院校的专业设置区别于普通本科院校，不仅要满足国家整体发展需要，还要为社会发展和区域经济服务。为了确保教育的适应性，学校需要紧密结合自身办学定位、内部资源以及发展目标等因素，密切关注产业与劳动力市场的发展需求和趋势，设置一批适应区域经济建设规划的特色专业。试点院校应该申报高职专科院校教育不能满足产业发展需求的专业，这些职业本科专业具有更高层次的技术含量。同时，学校还应注重建设职业本科专业群，将专业群与产业链相互融合，最大程度地体现专业的适应性和服务性。

专业设置不仅需要紧密联系当前的产业发展和市场需求，还应该具备一定的超前性。在当前知识经济的背景下，职业岗位更新速度加快，学校必须注意避免陷入高新技术产业结构调整而导致毕业生陷入失业的困境。开展专业设置的人员应该具备敏锐的观察力，顺应产业发展和市场需求的改变，及时调整服务方向，优化开设专业结构。尤其是注意要及时撤销过时的旧专业并增设社会急需的新兴专业，使新旧专业交替满足教育需求。职业本科院校在专业设置上还需要注意数量合理，既要避免因专业开设数量过多而导致学校教育出现力量分散、质量不高和压力较大等问题，又要防止开设专业过少影响学校整体发展和经济效益。

课程体系是开展教育的载体，社会科技发展要求课程体系不断以深化和创新的内容来代替过时的内容。现实情况下我国高等院校课程的内容长期迟滞于社会科技发展，尤其是与社会科技发展紧密联系的高等职业院校，其课程内容难以契合岗位能力需求。区别于普通本科院校的学科课程，职业本科院校的课程设置以应用技术为核心，以职业岗位需要的模块化知识为依据，避免出现课程内容“学科化”与“同质化”的问题。在知识经济和产业转型升级的背景下，知识与岗位能力要求更新速度加快。要求职业本科院校能够与时俱进开展课程设置，满足社会经济发展和行业企业对技术技能的要求，既能体现科学技术发展的先进性，还能反映新知识和新技术。因此，学校应邀请多主体参与课程的共商共建，以产业需求为导向，分析职业岗位的人才能力要求，重构动态化专业课程体系。

职业本科院校的课程体系一般由公共基础课、专业基础课和专业课程三类组成。其中，公共基础课与普通本科院校类似，需要符合对国家本科学历培养的基本要求。而专业课程属于核心课程，注重培养学生核心领域必需的专业知识和职业能力。目前大多数学校存在课程体系与教育目标不匹配的问题，课程比例的失调严重影响教育目标的达成。可见，学校要改革过往以理论知识课程为主的模式，将理论课程和实践课程紧密结合并协调好二者的比例，安排足量比重的实践课程。不能简单地通过增加课时来教授理论或培养能力，应该重点关注问题解决能力，将实践课程划分融入理论课程，让学生将理论知识尽快在实践中运用，强化其理论知识的转化应用能力。此外，学校单一的课程体系可能限制教育的灵活性与多样性。职业本科院校还需要注重综合素质和创新能力的培养，这也要求其进一步丰富课程形式，为学生的职业生涯发展奠定坚实的基础。

（三）扩充教育主体

职业本科院校的教育涉及数量众多的利益相关者，学校应该扩充这些利益者成为教育的主体，以此确保实现高质量教育模式构建。教育是一个系统工程，但培养主体在培养过程中可能出现难以准确进行职责定位的问题，需要明确定位各利益相关者的角色，扩充教育主体的数量。其中，最重要的是充分调动政府、行业企业和学校三方核心利益相关者的力量。校友、捐赠者、社区、媒体、金融机构以及民众等利益相关者也或多或少地对学校教育产生影响，在条件适合的情况下也可以转换身份参与到教育中。

政府作为法律法规的制定者与监督者，也是职业本科院校教育的核心利益相关者，在教育过程中应当发挥政策引导、经费保障和统筹协调作用。职业本科院校的建立和发展的前提就是政府制定的相关政策制度，同时也离不开政府的教育经费投入。政府要依据地方经济发展实际，全面修订和完善职业本科教育相关法律法规，合理调整和优化职业教育布局。政府承担着举办职业本科教育的责任和义务，应该将其经费列入财政预算并加大公共财政的投入，为学校教育的各项花销提供资金保障。政府还能通过管理机制、政策倾斜等方式，明确其他教育主体的角色定位并调动其积极性，引导职业本科院校根据办学实际朝着规范化方向改革和发展。通过优先为校企合作科研项目立项、合作企业减免税费和贷款优惠等方式，也能积极引导企业成为教育的参与者和受益者。

行业企业作为职业本科院校教育的关键主体，在教育过程中应当发挥外部依托作用。行业企业必须依法依规履行自身的责任和义务，找准自身定位，积极与学校进行深度合作，参与教育的多个环节。行业企业内部拥有大量的技术技能型人才，是担任学生实习实训指导教师最合适的人选之一。同样，学校也可以从行业企业中选聘专业基础扎实且实践能力突出的管理者或员工担任兼职教师，有效解决学校“双师型”教师不足的问题。行业企业为人才培养提供的现代化产业生产、建设、服务和管理等一线的职业环境，能够让学生在最真实的岗位实践中提高综合职业能力。随着社会经济和科学技术的迅速发展，行业企业的生产设备更新换代的速度增快，但学校的实训设备难以达到相应的更新频率。因此，行业企业最先进的生产设备还可以成为学校实训基地的补充和延伸。

学校作为教育的主阵地，在教育过程中应当发挥核心主体的主导作用。职业本科院校要转变传统教育观念，充分利用自身的资源和优势，加强与行业、企业之间的沟通交流，在合作中建立互利互惠的需求动力机制。学校要依据地方政府制定的“双师型”教师认定文件，联合行业企业通过培训在职教师、聘请企业兼职教师和引进技能专家等形式开展教师队伍建设。学校还应该重视市场实际需求及行业需求信息，在培养技术技能型人才的规律下开展工作，实现教育与企业岗位相对接。各个试点院校应该充分利用过去的实训基地及设备设施，并且通过不断更新换代完善实训基地建设，为构建高质量教育提供良好的物质条件。此外，职业本科院校的主体性意味着学校在教育方案制定、教育目标制定、专业与课程设置、教师队伍建设以及教育制度制定等工作中必须发挥主体的引导和协调作用，保证教育各方面的科学、规范和统一。

（四）优化人才评价体系

我国职业本科院校的教育尚处于起步阶段，试点院校的教育评价体系未能形成或还不完善，亟须通过对其优化以确保教育的最终效果。人才培养是一个由多个环节组成的系统工程，检验教育效果并反馈改进的最主要方式就是教育评价，评价一般建立在培养评价体系上。由于不同利益者对职业本科教育的需求存在差异，单一且刚性的评价已经难以适应众多利益相关者的需求。科学且合理的质量评价体系能够促进学生增强综合职业能力、帮助学校提升办学水平与特色，同时也保证毕业生能够适应职业岗位的需要。因此，有必要通过构建多元的质量评价体系，促进评价主体、评价方式以及评价维度等方面的多元化。

职业本科院校的教育具有特殊性，其人才评价体系也应该体现其自身特色。职业本科院校与普通本科院校实施的是不同类型的教育，其在构建评价体系时应避免照抄普通本科院校，在评价主体、评价方式以及评价维度等方面的选择上都不能脱离职业教育的规律与原理。虽然职业本科院校与高职专科院校实施的都是职业教育，但二者培养的人才层次却不相同，其在构建评价体系时也应该避免出现路径依赖下的简单雷同。在构建人才评价体系的过程中，无论是出现以上哪种问题，都可能导致学校高层次技术技能型教育的目标出现严重偏移。

在评价主体的选择上，多元的教育评价体系需要多方评价主体，在明确各自权利的基础上分工协作并参与评价。各利益者都可以成为教育评价的主体，可以建立以政府、行业企业、学校以及第三方中介机构为主、其他利益者为辅的评价组合。在评价方式的选择上，教育评价体系应树立过程性评价和结果性评价并重的评价理念，延续传统结果性评价的同时，把过程性评价作为重要的评价方式。例如，注重对师资队伍的实践性考评，加强对学生的应用技术能力的考评。在评价维度的选择上，针对不同对象选择相适应的各类维度，促进评价维度多元化。例如，从培训效果、教学成果、科研成果、证书考取和学生反馈等多方面对教师队伍考评，从知识运用、技能操作、实践成果和职业素养等多方面对学生考评。通过构建多元的教育评价体系，优化人才培养评价，及时发现并解决相关问题，达到以评促改的目的。

（五）健全教育制度

我国职业本科教育起步较晚，试点院校还存在发展方向迷茫、办学定位混乱、管理体制僵化以及教育模式不完善等问题，为此学校必须健全现有的教育制度。教育制度是学校教育顺利开展的核心保障，由外部人才培养制度和内部教育制度组成。政府希望通过开展职业本科院校试点工作探索其教育的经验，但部分配套的政策制度还滞后于实践，因此需要把建立健全的外部教育制度当作首要任务。

对于职业本科院校来说，对其内部教育制度进行完善的可操作性更强。通过建立完善的修业制度与专业设置制度、制定行之有效的日常教学管理制度，有助于学校实现办学定位，维持教育秩序，保障教育质量。修业制度方面，学校应该主要注重完善学分制度，通过设置弹性的教学计划以及学制激发学生的独立性和积极性，在因材施教中实现综合职业能力的培养。专业设置制度方面，学校应该在《本科层次职业教育专业设置管理办法（试行）》的指导下结合自身办学定位、内部资源以及发展目标等因素，设置一批适应区域经济建设的特色专业，并及时进行评估监测甚至撤销。日常教学管理制度方面，学校拥有极强的操纵力，建立教育各环节的质量标准和管理制度，处理好学校各职能部门和教学部门之间的关系。教务部门是与教育关联最紧密的职能部门，负责对教育进行宏观规划、制定教育政策、组织协调和监督教育等工作。教学部门是实施教育的最主要的机构，也是教学管理的核心机构。在教务部门的指导下，教学部门结合教育制度和自身实际，充分调动各类管理人员的主动性和积极性，建立完善的教育管理体系。学校也应该针对不同的教育环节，建立相应的质量标准和管理制度。通过制订教师教学计划、课程教学标准、实践教学标准、考试考核标准、评优评先标准、教学事故处理办法等规范性制度，促进教育工作的顺利开展。各方面制度对管理人员的管理、师生的教学行为起到规范、约束、激励和反馈作用，才有可能最终形成学校内部教育制度文化。

（六）追求教育特色

为了避免出现严重的高等教育同质化问题，职业本科院校必须追求具有其自身特色的教育。在高等院校办学定位趋同的背景下，部分职业院校逐渐开始在培养目标、专业与课程设置、培养途径、培养评价以及科研等方面模仿普通本科院校，最终导致教育质量不佳，结构性就业矛盾突出。职业本科院校作为一种为适应我国经济发展和区域产业布局而建立的高等院校，绝不能成为高职专科院校的“简单延长”,或是普通本科院校的“简单复制”。职业本科院校必须通过不断改革、强化内涵与类型特色、提升高层次技术技能型人才培养的特色，以确保自身可持续发展。

我国不同地区在各自社会经济下生成了不同的产业，其对职业本科教育的需求也有所区别。在经济迅速发展背景下，产业转型升级要求培养大量的高层次技术技能型人才，普通本科教育和高职专科教育尚不能满足需求，对职业本科教育的需求程度较高。我国东部大部分地区社会经济状况良好，形成了较为丰富的工业和高新技术产业。而西部大部分地区社会经济状况欠佳，工业化、城镇化水平相对较低，普通本科教育和高职专科教育的人才能够满足基本需求，对职业本科教育的需求程度较低。信息技术、生物技术和新材料技术等高新技术产业竞争日趋激烈，这些产业知识密集且技术先进，需要大量的高层次技术技能型人才支撑，相关专业的职业本科教育的发展空间巨大。而农林畜牧业、纺织服装业和食品加工业等传统产业，产业比重在推进产业协调发展的背景下逐步降低，对高层次技术技能型人才的需求较小，相关专业的职业本科教育发展空间狭窄。位于社会经济状况良好区域的学校更多地培养工业和高新技术产业相关的高层次技术技能型人才，而位于社会经济状况欠佳区域的学校则更多地培养传统产业相关的高层次技术技能型人才。

职业本科院校应适应区域产业布局，根据区域特色开展各项教育工作，而非简单地追求热点或者落实政策。专业与课程设置是学校教学工作的逻辑起点，在一定程度上能够反映出教育特色。2021 年教育部办公厅关于印发的《本科层次职业教育专业设置管理办法（试行）》明确规定了“高校设置本科层次职业教育专业应紧紧围绕国家和区域经济社会产业发展重点领域，服务产业新业态、新模式，对接新职业，聚焦确需长学制培养的相关专业”。不同区域的文化、地理、环境和产业等特色都为学校的学科和专业特色创造了条件。因此，学校在专业与课程设置上也需要适应我国经济发展和区域产业布局，从不同区域的文化、地理、环境和产业等中追求教育特色的创新。职业本科院校教育希望实现特色化，与之适应的培养制度必不可少。以质量标准为例，我国本科院校目前最高等级的质量标准是教育部提出的《普通高等学校本科教学工作水平评估方案（试行）》，但其涉及的本科教学水平评估体系忽略学校的类型与特点，难以适用于职业本科院校。由此可见，职业本科院校应该在符合教育规律和国家要求的前提下，在办学定位、培养目标、专业与课程设置、培养途径、培养评价以及培养制度等方面实现创新性突破，办好具有区域特色的教育。

第六章　职业本科院校高质量教学研究

本章主要研究职业本科院校高质量教学的相关问题，包括理论概述、困境及归因和实现策略三个方面。首先，我们将对职业本科院校高质量教学的相关理论进行概述，探讨教学目标、教学方式、教学资源等方面的理论支持。其次，我们将分析职业本科院校高质量教学所面临的困境和原因，并深入探讨其背后的深层次问题，为解决教学问题提供思路和方法。最后，我们将根据前两节的分析，提出职业本科院校高质量教学实现策略，包括提升教师教学水平、优化教学资源、加强课程建设等方面的策略。通过本章的学习，读者将能够深入理解职业本科院校高质量教学的相关问题，并掌握一些实用的策略和方法，为提高职业本科院校的教学质量提供有益的指导和参考。

第一节　职业本科院校高质量教学的理论概述

一、职业本科院校高质量教学的内涵

职业本科院校因其类型和层次的特殊性，其高质量教学的内涵也有所不同。因此，分析研究职业本科院校高质量教学时必须明确其内涵。所以，本研究在对职业本科院校和高质量教学等有关概念进行了解与界定的基础上，认为职业本科院校高质量教学就是指职业本科院校进入新的发展阶段，以遵循职业本科教育发展规律和技术技能型人才培养规律为前提，以职业教育类型特征为基点，充分发挥产教融合办学模式的体制机制优势，实现产教融合发展，在合理配置教学资源、科学整合教学内部要素的驱动下，全面提高教学质量，旨在培养出一批能够全面发展的高素质技术技能创新型人才的活动。

具体而言，职业本科院校高质量教学包括三层意蕴：

首先，职业本科院校高质量教学应着眼于高层次技术技能型人才的培养，旨在促进人的自由全面发展。职业本科院校高质量教学必须坚持以学生为本，着力提高教育教学质量，实现教学目标与人的发展目标相一致。这就意味着职业本科院校高质量教学要突破传统人才培养体系对于人的价值局限，为人的发展创设丰富、多样的内外部条件，激发人的主动性和创造性。

其次，职业本科院校高质量教学应秉持服务地方经济社会发展理念。职业本科院校的职业教育属性决定了职业本科院校是为社会建设、生产、服务和管理第一线的工作岗位或岗位群培养技术技能型人才的高等教育机构，其高质量教学目标的制定必须以社会需求为价值导向。因此，职业本科院校高质量教学既要兼顾个体发展的需要，又要满足经济社会发展对从业者的知识、能力和素质结构的要求，服务高质量发展的核心领域当前和今后的人才需求。

最后，职业本科院校高质量教学应是一个系统性概念，需要从整体的视角来理解职业本科院校高质量教学的意蕴。从静态的角度来看，职业本科院校高质量教学是指高质量的教学体系，包括目标体系、内容体系、主体体系、方法体系、保障体系、评价体系等范畴。具体而言，涉及教学体系内部诸要素以及教学体系之间的结构优化和功能发挥，这是职业本科院校高质量教学得以实现的基本保障。从动态的角度来讲，职业本科院校高质量教学不仅体现为一种教学结果状态，而且表现为一种不断开放融合的教学过程，具体反映在教学活动中教学内容、师资队伍等要素的不断更新。据此，高质量教学既体现了教学的质量水平，也是一个不断追求的教学愿景，是对理想状态的教学的不断探寻与实现的过程。

二、职业本科院校高质量教学的特征

（一）全面性

所谓全面性，就是指事物具有复杂性与多样性的特点，要坚持全方位视野，综合考虑事物构成的各个要素，遵循客观事物的本来面貌以谋求全面发展。由于职业本科院校生源结构及教学活动的复杂性，所以其高质量教学应充分统筹考虑其方方面面，注重全面性。职业本科院校高质量教学的全面性主要体现在以下两个方面：一是教学要素的全面性。教学要素的全面性表现为教学内部每一环节、每一要素、每一主体都在其各自合理定位及其分工的基础上实现最优化发展和质量最大化，各个要素之间无时无刻不处于相互联系之中，系统把握各个要素的功能和特点，将其纳入实现高质量教学的全过程，才能更好地实现整个教学系统内外价值功能的最优化。二是人的发展的全面性，如果说要素的全面性是实现高质量教学的基础，那么人的全面发展就是高质量教学的终极目标。职业本科院校高质量教学应不仅仅关注教学内容、教学方法的全面性，还应遵循人的发展的全面性。人的发展包括知识、技能、素质等多方面，传统的职业教育教学多倾向于教育对象知识和技能的获得，而忽视其素质的培养，职业本科院校高质量教学正是对此的补充。

（二）多样性

多样性，顾名思义是相对于单一而提出的。由于生源多样性，在教学实施上也应关注其多样性。职业本科院校高质量教学的多样性主要体现在三个方面：一是教学方法的多样性，职业本科院校的高质量教学应不再局限于某一种教学方法的普适用，而是以学生基础和职业教育类型特点为依据，积极采用以教师为主导、学生为主体的交互式、启发式、探究式等教学方法，以及利用信息资源的混合式教学等灵活多样的教学方法。二是师资队伍的多样性，职业本科院校教学的重点是要培养出与地方经济社会发展相适应的高层次技术技能型人才，这就对职业本科院校的教师队伍提出了新要求，它应该不仅包括高校应届毕业生，还需要从企业引入技术骨干，以及从行业企业选聘能工巧匠、技能大师到学校担任兼职教师，体现多主体结构、多类型层次、多来源渠道的特点。三是教学评价的多样性，具体来说应包括评价主体多元化、评价方式多样化，评价主体除了学生和教师，也应积极引进第三方评价；评价方式上注重过程评价与结果评价有机结合、自我评价与外部评价相结合。

（三）特色性

所谓特色性，就是职业本科院校教学所表现出来的正面的、独特的风格。既具有导向性，也具有示范性，表现在教学过程中的各个方面。伯顿·克拉克认为，“院校的希望与其说产生于彼此的共同点，不如说产生于相互之间的差异”。职业本科院校实现高质量发展的关键就在于形成不同于高职专科院校和普通本科院校的教学。职业本科院校高质量教学的特色性主要体现在教学目标的特色性和课程内容的特色性两个方面。首先，在教学目标方面，职业本科院校教学目标的确定应在借鉴高职专科院校和普通本科院校的优势与特色的基础之上，对教学目标进行精准定位，既要与职业教育类型特征相一致，也要凸显本科层次，不能简单照搬高职专科模式，也不能盲目跃进成普通本科模式。其次，在课程内容方面，职业本科院校要突破学科结构的束缚，在遵循教育教学规律的同时，课程内容不仅要反映出目前的职业岗位群的专业技术特征，还要注重对学生职业技术能力的培养，紧跟社会经济发展所带来的新变化，及时进行教学内容的更新，注重教学内容的前瞻性与先进性。

（四）灵活性

正如上面所说的，职业本科院校高质量教学既体现了教学的质量水平，也是一个不断追求的教学远景，是对理想状态教学的不断探寻与实现的过程，是一个不断发展的概念，因此，它不是一成不变的。这意味着职业本科院校高质量教学应具有高度灵活性。具体体现在两个方面：首先，在教学方法使用上，由于教学内容和生源的多样化，职业本科院校教学要打破原有的模式教育思维，转变原有的固定教学模式，采用灵活性教学的方法。例如，教师可以采用传统教授法进行理论教学，也可以采用项目教学法、任务驱动法来进行实践教学，提高教学效率。其次，在教学内容选择上，职业本科院校兼具职业教育属性与本科层次双重属性，要根据技术知识学习特点，紧跟产业发展趋势灵活选择和更新教学内容，把新技术、新工艺、新规范及时融入教学中，适时导入企业典型案例，将职业资格证书、职业技能等级证书内容及时纳入教学，形成灵活多样的教学内容，进一步增强人才培养的适应性。

（五）融合性

所谓融合性，就是指职业本科院校教学内外部要素借助自身力量或者凭借外部力量，使各要素之间融为一体或者相互协调、平衡。根据跨界理论，结合职业本科院校的基本属性，职业本科院校的办学定位和培养目标决定其高质量教学应具有融合性。具体来说，职业本科院校高质量教学具备的融合性主要表现为三点：一是教学内容的融合，职业本科院校教师应该与企业专家协同建设教材内容，结合新技术、新流程、新材料，将专业理论与生产实践有效衔接、有机融合，突出职业特色。二是教学资源的融合，应以校内现有的工程训练中心和专业实训室为基础，将企业的实习实训基地和技术研发中心等优质资源进行聚合，利用它们之间的相互协同和优势互补，最终形成一个校企协同的实践教学基地。三是师资队伍的融合，职业本科院校应基于“资源共享、校企互动、产教融合”理念，与企业共同构建和共享“专家型双师”队伍，校内教师要实现工程化、博士化、国际化，企业兼职教师要专业化、技能化，通过深度融合发展，实现双方优势互补。

（六）开放性

所谓开放性，就是指职业本科院校高质量教学打破了时间和空间的局限，不断提升自身适应性。按照教育生态系统观，封闭孤立的系统不能从外部汲取能量，最终都会走向衰退直至瓦解。开放性是职业本科院校教学提升自身适应能力，保持旺盛生命力的重要指标。职业本科院校高质量教学的开放性主要表现在三个方面。首先，在教学内容方面，职业本科院校教学内容应紧贴教材，立足于岗位技术发展需求，能够随着职业岗位的变化和职业技能对新技术、新知识、新工艺需求的不断变化，调整、更新、充实教学内容。其次，在教学环境方面，传统的时空固定的学习方式已无法适应职业本科院校教学的需要，高质量教学应更多地在现实的企业生产车间、在虚拟的网络空间进行多元化的自主学习。最后，在师资结构方面，职业本科院校的师资结构与高职专科院校和普通本科院校存在较大差异，尤其是实施现代学徒制和企业新型学徒制对具有多种专业技术背景的兼职师资队伍提出了更高要求。这就要求职业本科院校应不断拓宽教师的来源渠道，确保师资结构的开放性。

三、职业本科院校高质量教学的价值

（一）促进职业本科教育高质量发展

职业本科院校作为职业本科教育实施主体，其高质量教学对于促进职业本科教育高质量发展具有重要意义。

首先，有助于增强职业本科教育的适应性。我国经济社会发展目前正处于产业转型升级的关键时期，增强职业本科教育的适应性，推动教学内容和产业内容高效对接，改进技术技能人才培养的结构对于经济社会高质量发展具有重要价值。基于职业本科教育教学改革内涵的角度，职业本科院校实现高质量教学，首要任务是围绕产业升级和技术变革的发展趋势，以国家战略新兴产业与人才紧缺领域为导向，重点培养符合市场需求的紧缺型人才，构建一套与产业链、创新链紧密对接的教学体系，以确保高层次技术技能型人才能够在产业发展过程中发挥重要作用，进一步增强职业本科教育的适应性。

其次，有助于提升职业本科教育质量。教学质量是提升职业本科教育质量的基础，实现高质量教学必然推动职业本科教育质量提升。站在职业本科教育教学需要的角度，职业本科院校实现高质量教学，包含高质量师资队伍、高质量实验实习条件、高质量课程资源、高质量教学评价等诸多方面，与此相关的各项建设工作，均有利于提升职业本科教育质量。

最后，有助于提升职业本科教育的社会吸引力。在我国，大力发展职业本科教育既有其必要性，也有其可行性。职业本科教育作为高等职业教育的本科层次，旨在为经济社会转型发展培养高层次技术技能型人才。职业本科教育体系的构建对于提升学生就业能力、促进学生充分就业具有重要价值。职业本科院校教学水平的高低直接影响职业本科教育的行业影响力和社会吸引力，高质量教学是培养高素质人才的重要保障，也是实现职业本科教育价值最大化的根本前提。高质量教学不仅有利于职业本科院校打造职业教育市场的竞争优势和品牌，吸引更多的社会投资者和行业企业参与办学，也有利于为学生提供更好的学习资源，促进人才培养质量的不断提高，从而为职业本科教育的高质量发展创造更加有力的条件。

（二）引领职业本科院校“三教”改革

职业本科院校实现高质量教学的目标，打造高素质师资、高效率教法、高质量教材是题中之义，将会引领职业本科院校“三教”改革走向深化。首先，职业本科院校高质量教学将会引领教师改革。职业本科院校在高质量教学的基础上进行教师队伍改革，既加速了对世界优秀人才的培养与引进，还改善了校内专任教师成长发展的内外部环境，为教师可持续发展提供条件，优化专兼职教师队伍结构，扩宽师资来源渠道。可以说，教师队伍建设进程中的每一个环节都与职业本科院校教学改革有着密切的联系，高质量教学的实现必将有助于推进和深化职业本科院校教师改革。其次，职业本科院校高质量教学将会引领教法改革。职业本科院校的学生学习方式与普通大学有所不同，他们更注重自主操作。教学方法作为教学重要的构成要素，是职业本科院校教学改革的重点，也是提升教学水平的关键。职业本科院校高质量教学的实现需要吸收和运用现代化的知识传播方式，构建以学生为中心的启发式、探究式的教学模式，此外，充分利用新一代信息技术为教育带来的变革，建立数字化、智能化、信息化的教学模式。在此过程中，职业本科院校高质量教学的探索和实践必将推动职业本科院校教学方法的变革。最后，职业本科院校高质量教学将会引领教材改革。教材作为教学内容的重要载体，也是实现高质量教学的基石。与职业本科院校高质量教学相匹配的教材，要体现适用性、先进性等特性，表现形式灵活多样，内容与形式完美统一。实现高质量教学的过程能够为高等职业教育教材改革积累有益经验。

（三）满足学生的高质量教育需求

职业本科院校作为我国高等教育体系的重要组成部分，其高质量教学的实现是满足人民群众获得优质高等教育的有效方略。进入高等教育普及化阶段，人民对高等教育的需求也由“有学上”转向“上好学”，高质量的高等教育已经成为当前人民群众的热切期盼。职业本科院校作为高等教育一类重要的实施机构，其高质量教学可以帮助部分家庭经济贫困的学生实现高质量就业，满足其向社会中上层流动的需求，缩小贫富差距，从而推动社会的均衡和谐发展。从另一个层面来看，职业本科院校高质量教学弥补了高职专科院校的“技能本位”倾向，更加强调理论知识的学习和创新创造能力；弥补了普通本科院校的“知识本科”倾向，更加强调技术技能性，在为学生提供多一种教育选择的同时，也可以让不同性格禀赋、兴趣特长不一的学生选择适合自己的教育方式，而不是一味地片面追求学历教育。与此同时，职业本科院校高质量教学的实现也有助于促进职业教育地位与质量的提高，可与普通高等教育相提并论，还可以促进社会减轻教育焦虑，推进教育生态的重构。因此，职业本科院校高质量教学既能促进高等教育供给量的增长，还可以满足人民群众对多种类型高等教育的需求，减轻人们的教育焦虑；同时，也可以推动高等教育形式的多样化，为青少年提供更加丰富的高等教育选择，促进教育公平的再升级和教育质量的整体提升。

第二节　职业本科院校高质量教学困境及归因

一、职业本科院校高质量教学的困境

（一）特色欠缺，职业意蕴不强

1. 教学目标不清晰

明确教学目标是实现高质量教学最基本的要求，教学目标的制定既要符合职业本科院校办学理念，也要符合学生的发展规律。每一节课的教师都应在课程开始时明确教学目标，明晰教学内容的重点和难点，进而让学生明白自身要达到一个什么样的水平。虽然职业本科院校教学管理人员和一线教师已认识到人才培养目标要定位于培养高层次技术技能型人才，但在实际的人才培养和教学过程中并不能精准地理解高层次技术技能型人才的内涵，往往造成与普通本科和高职专科差异不明显，没有充分反映职业本科教育的教育功能和社会功能融合发展的要求。

2. 课程设置趋同

科学合理的课程设置是教学目标在教学过程中的体现，是实现培养目标的有力保障。各个大学在课程设置上都出现了一定程度的同质化，职业内涵不明显。学校要想更好地实现其设定的目标，就必须对课程设置进行科学的设计。但是，由于目前的职业本科院校还处于初步探索阶段，因此在课程设置上，很容易忽视了自身的本质属性。各高校虽然在建设目标上提出要建立特色鲜明、优势突出的职业本科课程体系，但实际上，与普通本科院校区别不大，课程的内容、标准及结构与普通本科院校之间存在雷同化、同质化迹象，使得职业本科院校的课程设置缺乏职业本科院校教学特色。比如，在教学安排上，多数职业本科院校在课程体系和教学安排均有模块式与项目式两种，但实际上与普通本科院校没有太大的差别，仅仅是在原来的基础上做出了一些形式上的改变。

3. 教材缺乏特色

教材是否满足人才培养要求，是否契合学生的现实需要，关系着职业本科院校教学质量的提升。同时，教材也是高质量教学得以实现不可或缺的关键性因素。但是，当前职业本科院校教材建设还存在许多问题。首先，职业本科院校教材的内容更新速度缓慢，没有根据产业结构转型升级进行及时的调整，职业特色亟待增强，不能适应教学改革的需要。我国现有的职业本科院校教材中，部分是在普通本科、高职专科的教材体系和内容的基础之上，对教材进行了一定程度的改编、增删或更新。受普通本科院校的影响，职业本科院校新编的教材在内容安排上还存在理论知识所占比例偏高、实践技能比例偏低的问题，造成区分度不高，不能充分体现出职业本科院校应有的应用性、职业性、技术性等特征。另外，由于教材编写周期较长、流程环节较多，一本教材自立项至出版，往往要花上好几年的时间。而且，在全球新一轮科技创新和产业革命加速到来的大环境中，新技术、新工艺层出不穷，新标准的更新与迭代周期也在不断缩短，两者之间的矛盾使得职业本科院校教材内容陈旧这一问题始终得不到根本性解决。

（二）方式单一，教学效率不高

1. 教学方式僵化

职业本科院校虽然积极提倡教师使用新的教学方法，也对教师进行了相关业务的培训，但实际应用并不多，效果也不够理想。职业本科院校仍主要采取以教师讲授为中心的方式，单向地向学生传授知识，学生在教学中居于被动地位，教师仍是教学过程的主角，学生的主体地位没有充分得到发挥。职业本科院校理论课的教学内容本身就存在抽象的特点，学生对课程内容感到枯燥难懂，无法激发学生的求知欲，与培养高层次技术技能型人才严重脱节。此外，虽有教师提到平常上课会使用项目教学法、案例教学法、情景模拟等凸显职业教育类型特征的教学方法，但使用运用比例并不高，与职业本科院校教学以工作过程为导向、以工作任务为驱动的目标不吻合。

2. 教学评价单一

教学评价是一种对教学系统的科学性、合理性、有效性进行定量评估的方法。但是，虽然部分职业本科院校在理论课程方面已经建立了一套较为合理的教学评价体系，但是关于实践课程还没有形成一套相对完善的教学质量监控和评价体系。当前职业本科院校教学评价较机械单一，不能有效反映教学效果，主要有以下问题：第一，对传统的理论教学评价模型的简单套用。大多数的学校考核学生的方式只看结果，忽视过程，以输出的终结性结果为依据，即一张试卷或一份报告的形式。第二，教学评价标准一元化。各专业之间的教学评价方法趋于一致，无法清晰地反映出各专业之间的差异。第三，教学考核主体单一化。通常情况下，教学评估是以学校为整体，以任课老师为主导，具有很强的主观性和随意性，并不能真实地反映出学生的综合能力，也不利于教师教学改进。

（三）基础薄弱，资源融合较低

1. 师资队伍相对匮乏

尽管学校重视师资队伍的建设，但当前职业本科院校实现高质量教学面临的困境之一与核心问题便是师资队伍建设。当前职业本科院校师资建设存在的问题主要表现在以下三个方面。首先，师资队伍的数量与结构缺乏合理性。其次，任课教师的专业素质亟待提高。高层次技术技能型人才培养能否取得预期效果，关键在于“双师结构”教学团队的执教能力的高低。教师自身动手能力不强、对行业企业最新生产工艺、操作方法不熟悉、对理论和实践一体化的教学组织方式不熟练等，进而阻碍高质量教学的实现。最后，教师培训不足。各院校尚未形成一套长期、稳定的专业教师培训体系，教师参与在职培训的积极性并不高，而且教师也很难接触到企业的一些核心技术，无法更新自己的科学技术知识，培训效果不佳。

2. 教学资源保障不足

在职业教育日益蓬勃发展的今天，我国职业教育教学资源得到了一定程度的改善。但是，由于职业本科院校招生规模的不断扩招，职业本科院校在校生人数越来越多，进而导致教学资源有所不足，给职业本科院校高质量教学的实现带来了不可估量的阻力。职业本科院校教学经费仍是以财政投入和学费收入为主，行业企业投资的积极性不高，资金来源渠道单一，教学经费受到限制。尽管目前职业本科院校已在尽力增加对教学的投资，但是，由于职业本科院校的专业和学生人数不断增加，实训场地和实验设备难以满足学员的个性化需求。在访谈中有老师提到实践教学的配套设施跟不上新的教学内容。特别是，有些文科专业的实训室，他们的教学设备比较简单，这就导致了在实践教学的过程中，他们只能够进行简单的“指尖轻点”，而不能让每一位同学都能够完成自己的实际操作，从而导致了他们对自己所掌握的知识一知半解。在某种程度上，这也使得教学无法达到他们想要的效果，并且有很多高成本的实验仪器很多学生根本接触不到，硬件资源缺乏共享。

（四）动力不足，开放程度不够

职业本科院校要想实现高质量教学就必须考虑到不同主体的利益，尊重和支持不同主体的利益诉求。职业本科院校是培养高层次技术技能型人才的主要途径和基本方式，但目前在校企合作、产教融合等领域，还存在着融合层次不高，对外开放程度不够深入等问题。根据人才培养方案的要求，学校各个专业都与有关的企业之间建立了一定的关系，然而，真正与企业取得实质性进展的却并不多，企业在人才培养中的作用并没有得到充分发挥。许多校企之间的合作，还只是停留在签署合作协议上，而没有让企业真正地介入教学中来。由于双方的合作只停留在表层，使得企业很多的经营管理经验、先进技术以及优秀的工程项目很难与职业本科院校的实际教学相结合。另外，合作关系相对松散也是当前面临的问题之一。由于职业本科院校成立时间较短，科研能力有待提升，以及社会声誉尚未稳固等原因，企业从合作中获取的利益有限，导致合作意愿降低，合作关系不够牢固。

二、职业本科院校高质量教学困境的归因

（一）理念层面：教师教学观念滞后

教学理念集中地反映了人们在教与学活动中所遵循的内在规律，同时，它也是人们对教学活动的看法和持有的基本态度。先进的教学理念对于职业本科院校高质量教学的实现具有巨大的促进作用。在我国职业本科院校教学过程中，教师的教学观念却仍存在滞后性，严重影响了职业本科院校高质量教学的目标制定和教学过程的实施。

首先，由于受到固有的办学经验的惯性的制约，职业本科院校的老师们一直

遵循着传统的教学方式，他们在教学中始终是以自我为中心，只关注于单方面的知识灌输，没有充分发挥学生在教学中的主观能动性，学生一直处于一种被动的窘境之中。学生们很少有自己独立参与和设计的实验，以解决工程实际问题为导向的综合性、创新性实践训练更可以说是凤毛麟角。因此，学生们的主观能动性和创造性思维都被束缚住了，高水平技术技能人才的培养很难实现。其次，职业本科院校教师大多是从学校到学校，缺乏实践经验，在讲授教学内容时，还是照本宣科，过度重视理论知识的传授，只会做课件向学生们讲理论，不能将行业企业新技术、新工艺与理论知识很好地融合，让学生面临“毕业即失业”的窘境，不能很好地满足学生就业需要和地方经济社会发展需求。最后，对实践教学认识存在偏见，传统的教学理念重视学生理论知识的获得而忽视实践能力的培养，实践教学地位不高，实践教学开展多停留在表面，任课教师倾向于用演绎和分析的方法演示实验；学生们观摩实验，或是在老师的示范下按照固定的程序进行验证，不利于学生创新精神的培养。

（二）主体层面：政校企协同不畅

根据教育学中学习生态学的观点，人才培养质量与周围的环境息息相关。职业本科院校的办学宗旨是面向就业，以高层次技术技能型人才培养为己任，这就决定了职业本科院校教学会受到行业企业等外部环境的影响，“闭门造车”无法满足高质量教学实现的需要。教育部发布的《本科层次职业学校设置标准（试行）》明确了“校企联合”的原则，并提出了“与行业企业进行深入协作”的要求。在理想情况下，职业本科院校是为行业企业培养高层次技术技能型人才的重要场所，而企业是对其人才质量进行检验并提出指导意见的“质检站”，而政府则是连接学校和企业的纽带。但是，实际上这三个主体在合作过程中并未充分发挥其应有的功能，从而未达到“三方共赢”的目的。

首先，职业本科院校虽然已经认识到了高层次技术技能型人才的培养必须与行业企业需求保持高度一致，但是由于自身发展的局限性，致使职业本科院校的人才培养仅仅从自己的视角推测行业发展对人才的需求，片面地制定人才标准、培养方案，导致了人才培养与企业发展的契合度不够，知识系统的更新跟不上行业发展的步伐。其次，到目前为止，政府尚未制定关于校企合作培养的相关政策、法规以及相关的配套细则，来规范企业在职业本科院校中的作用以及有效的参与程度，也未能给予相关的政策性保障措施，影响企业的参与热情。在实现职业本科院校与企业之间的深度合作上，没有起到“桥梁”的作用。这就使得企业参与职业本科院校人才培养的主动性和积极性不高，行业企业与高校的合作仅维系在校友等人际关系的基础上。一方面，由于人力资本的市场化，企业能够通过人力资本市场招募到所需的专业技术人员，从而冲淡了原来行业和教育之间的密切关系；另一方面，在行业转型过程中，企业所面对的市场竞争压力也越来越大，其重心更多地集中于利润的最大化与自我发展。这就导致了企业不愿接受实习，不愿为学生提供实习环境，不愿把“校企合作”的重点放在技术技能人才的培养上。因此，导致职业本科院校既缺乏对高水平技术技能型人才的实习保障，又缺乏行业对其培训计划的引导。

（三）机制层面：体系建设缺乏系统性

教学活动的顺利实施必须有科学合理的管理加以辅助，有效的教学管理机制对保证教学良性运行至关重要，并具有在整个教学活动中起着调控引导和信息反馈的作用。从系统论的角度审视，当前职业本科院校教学在体制建设方面仍有许多不足之处，还有很大的挖掘空间，主要表现为：缺乏系统的优化与统筹协调，需要强化教学的系统设计。具体地说，职业本科院校忽略了对教学的系统设计，没有站在全局的高度，对教学的各个方面进行全面的规划，把系统化的思维和整体的优化的理念放在一边。职业本科院校在实施教学的过程中，总体规划不够全面，不能充分考虑到职业本科院校的实际情况，更不能充分发挥职业本科院校的作用。在整个课程的设计中，层次不够清晰，课程的构建仅仅是将有关的课程进行了机械的整合，课程内容都是一样的，重复构建的情况很多，呈现出一种混乱的状态。课程体系的构建比较松散，不能相互支撑，不能衔接。这种混乱的教学状况，造成了教学本身的水平和垂直一致性，也就是理论教学和实践教学的脱节。

“产学研”合作是职业本科院校培养高层次技术技能型人才的一种主要方式，校企合作和产教融合在职业本科院校发展中得到了广泛的关注。然而，由于缺乏专业的管理组织，职业本科院校未能够积极、前瞻性地把握“新经济”的发展趋势，没有做到对新经济的准确把握，没有做到教学与产业链条的准确对接，教学改革与"新经济"的发展适应性差。此外，由于缺少相关的制度、法规，因此不能建立起一个良好的协同办学机制和人才培养的反馈机制，导致无论是技术协同创新还是协同育人，都不能取得理想的效果。另外，职业本科院校的教学评价仍是参考普通本科院校的，尚未形成一套能反映职业本科院校特色的评价体系。首先，职业本科院校的教学评估仍囿于内部的自我评价标准，市场导向不足，缺乏与外部相关的教学评价，导致教学脱离社会需求。其次，在评价的标准上，缺少灵活性、可操作性等方面的指标，对老师的评估只是以学生在"教师教学评价系统"上打分作为主要的评估标准。对学生的评价，还是以考试成绩为主，以平时的上课表现为额外参考指标，缺少专门化、具体化的评价指标，更别提将行业标准融入评价体系中。这种简单而又僵化的评估标准，很难对学生的真正实力进行客观、全面的评估。最后，在评估方式上，忽略了教学环节的多样化、过程的动态化以及教学内容的复杂性等特征，缺少过程评估，不能及时地发现教学过程中存在的问题，也没有评价结果及时反馈给学生。

第三节　职业本科院校高质量教学实现策略

教学作为职业本科院校的根本工作和发展的主线，推进职业本科院校实现高质量教学对于提升职业本科院校吸引力，提升人才培养质量具有重要价值。针对当前职业本科院校实现高质量教学面临的困境及归因，提出职业本科院校高质量教学的实现原则、路径及机制。

一、职业本科院校高质量教学的实现原则

（一）系统性原则

系统性原则是指事物发展应采取系统的观点和方法，对系统的各个要素之间的关系进行综合研究，以求达到和谐、均衡的目的，使其各方面、各环节紧密联系，形成一个有机整体，从而对整体进行有效控制。职业本科院校实现高质量教学是一个复杂多元的系统工程，它牵涉到多个教学要素以及学校、学生和社会等众多

相关主体。因此，对于职业本科院校实现高质量教学，要坚持系统性原则，运用系统科学的方法对整个教学活动进行统筹规划，要紧紧围绕从教学目标、教学内容、教学方法、教学保障到教学评价等环节，准确找出实现高质量教学过程中存在的问题，分析和整理教学各个系统的相互关系，合理地选择教学要素，组织协调好各种有效力量来实现高质量教学。

（二）有效性原则

有效性原则强调职业本科院校教学的正确性、时效性。职业本科院校高质量教学的实现应在教学目标的制定、课程的开设等方面适切个人与经济社会高质量发展需要；在选择教学内容时，充分考虑到学生就业方向以及企业对人才综合素质的要求；在教学方法运用、教学设计方面，充分考虑到学生的主体差异性，满足不同学习者对高质量教育的需求；在教师能力方面，除了要求教师要具备基本的专业知识能力之外，还要使其具备与现代远程教育相适应的教学设计、信息素养和更高层次的教学理念，兼具专业能力与非专业能力；在教学质量评估方面，构建完备的质量评价监督体系，从而实现对整个教学过程进行的动态监测与评价，持续增强教与学变革实效。

（三）协同性原则

教学实质上做的是育人的工作，只有以培养人才为中心，将分散在社会各系统的力量有效联结在一起，形成协同育人的共同意识，才能形成齐抓共管促成实现高质量教学的合力。职业本科院校要实现高质量教学就必须多方协调、协作，以促使合力的形成。在运行机制上，要不断强化“产业—企业—学校”三方联动的教学机制；在管理体制方面，管理部门与教学部门之间相互配合、有效协调工作任务，以促进教学高效运行，最终形成“办学系统联动教学、领导重视教学、教师倾心教学、学生回馈教学、科研促进教学、政策保证教学、经费保障教学、管理服务教学、后勤支撑教学”这样一个良好环境。

（四）发展性原则

发展性原则强调职业本科院校教学改革的前瞻性与灵活性。职业本科院校高质量教学是一个相对的概念，通常情况下，教育的滞后性决定了它与社会处于一种基本适应而又不完全适应的状态。因此，发展性原则反对僵化地看待事物，提倡将万事万物放到一个动态的时间长河中来进行观察，并将其视为一个不断更新的过程。所以，职业本科院校要想实现高质量教学，就必须对未来社会发展对人才的需求保持高度敏感，及时进行教学改革，培养学生形成各种相互交叉和相互渗透的综合能力，让新型的劳动者可以在复杂多变的生产环境中，灵活地应对复杂工作环境中出现的实际问题，从而更好地与时代发展的要求相适应。

二、职业本科院校高质量教学的实现路径

（一）教学目标再优化

教学目标具有驱动作用，对职业本科院校人才培养目标的实现及类型特色的彰显起着至关重要的作用。职业本科院校作为本科层次职业教育的办学单位，其教学目标的设立需要继承职业属性不变和对标本科属性发展转变的辩证统一，紧扣高层次技术技能型人才培养目标，实现教学活动整体规划和职业本科院校发展的具体要求有效融合，促进职业本科院校实现高质量教学落到实处。当前，我国职业本科院校普遍存在着教学目标模糊、缺乏特色等问题，严重影响了学生学习质量和学校可持续发展。因此，职业本科院校教学目标的确立既要凸显职业教育本质属性，也要适应时代发展的需要。首先，以促进学生全面发展为中心，致力于培养具备创新精神的复合型人才、能创造性解决实际问题的高层次技术技能型人才。有学者认为高层次技术技能型人才应具备以下基本特质：知识的体系化程度不断提高、能力的综合化程度不断加深、素养的人本化程度不断转变。其次，社会需求是职业本科院校确定教学目标的价值导向。目前，技术技能更新速度不断加快，信息化、云计算、智能化等新概念不断涌现，劳动力需求结构已经发生深刻变化，规则性劳动大量被机器替代，需要将技术技能人才的能力结构扩展到一定的深度和广度。职业本科院校所育之人终将进入市场，因此在制定教学目标时要深入行业企业调研，与企业紧密联系，时刻关注市场发展动态，确定行业企业对从业者的知识、能力和素质结构的要求。总之，在设计教学目标的过程中既要关注个体发展需要，又要协调好个体和社会发展之间的关系，关注个体对社会发展中所做出的积极贡献，使学生能够尽量参与一种具有积极价值取向的目标设计。

（二）教学内容再更新

教学目标是纲，而教学内容则是目。实现教学目标，职业本科院校要及时更新教学内容，选择科学合理的教学内容。首先，制定系统优化的课程结构。课程是实现教学目标的重要载体，职业本科院校课程设置需要遵循能力本位的原则，以职业资格为标准，满足职业岗位需求。一方面，理论与实践并重，职业本科院校学生的理论基础应比高职专科更为厚实，其实践能力的培养要以理论知识为基础，确保理论与实践两大教学环节的无缝对接，杜绝理论教学与实践教学“两张皮”的现象；另一方面，将必修课与选修课有机融合，以专业必修课为依托，积极增开与地方经济社会发展结合紧密的特色选修课程，从而使学生获得较强的可持续发展能力和岗位迁移能力。其次，依据产业前沿及时更新教学内容。职业本科院校教学内容要以生产第一线为导向，应紧密围绕职业岗位工作内容，教师要定期深入企业进行调查研究，针对企业需求对课程内容进行补充和调整，将新技术、新工艺、新方法和新标准等内容及时融入教学，以实现教学内容同步于企业工作实际；在编制教材的过程中，充分调动企业专家和学校专任教师的积极性，促使企业专家发挥技术优势、学校专任教师发挥教学优势，形成优势互补，实现互利共赢。

（三）教学方法再创新

教学方法的再创新既是职业本科院校教学改革的题中之意和基本要求，也是实现高质量教学的重要支撑和主要动力，高质量教学的实现与教学方法的科学性、合理性和可行性密切相关。面对浩瀚无际的新知识、新技术，职业本科院校的学生在阶段性的学校教育中，很难完整而系统地获得终身受用的知识与技能。因此，职业本科院校教学方式要从传统向现代转变，凸显学生的主体地位，注重教师与学生在教学过程中的互动性，实现由重“教”向重“学”转变。一方面，根据课程内容及学生特点，灵活采用项目教学、案例教学等多种行动导向的教学方法组织实施教学，全方位调动学生学习的积极性和主动性，切实提高教学效果，以培养出适应经济社会发展需求的高层次技术技能型人才。另一方面，运用多媒体、计算机网络等现代化教学手段，打破传统课堂时间与空间局限，实现师生课后在线的教与学，利用信息技术来提高学生学习的兴趣与意愿，继而加深其对知识的认识与掌握，促使高质量教学的实现。

（四）师资队伍再强化

职业本科院校若要实现高质量教学，必须有一支素质好、结构优、理论深、技术强、技能高的“双师型”师资队伍做支撑，多方面强化师资队伍建设。经济社会高质量发展对高层次技术技能型人才的需求，进而对职业本科院校师资队伍的素质和能力提出了更高的要求，单纯的“双师型”教师师资队伍已无法适应创新型技术技能人才的培养，需要同步向“专家型双师”转变提升。所谓“专家型双师”，是指在“双师型”的基础上，兼具大国工匠的职业精神和素质，还必须具有扎实的理论知识与创造性思维，又要有一定的工程实践能力，并能够在实践中灵活运用工程方法解决一线复杂问题。职业本科院校要实现高质量教学，需要在教师的素质和能力上向“专家型双师”升级，采取综合措施，全面推进。首先，加强高层次人才的引进。一方面，要根据学科建设和专业发展的需要入手，引进具有高学历、高职称的专家，如博士、教授等；另一方面，结合职业本科院校自身特点，积极引进企业领军人才、项目经理、技术主管和能工巧匠丰富师资队伍，着力建设高水平的师资队伍。其次，不断加强教师的培养与培训。依托职业技术师范院校和企业实践基地，积极开拓本校的教师企业实践基地，采用“学校＋基地＋企业”的培训方式，鼓励教师定期到企业一线锻炼，或积极从企业引进技术专家给学校教师做技术指导和培训，有效加强教师的专业实践能力建设，推动理论知识和实践技能的高度融合，实现“学历资格”和“职业资格”的有效整合。

（五）教学保障再加强

我国职业本科院校试点的总体原则是在现有的高职专科院校中遴选产生。职业本科院校原有的办学资源能否满足新的高层次职业教育需求，是决定能否实现高质量教学的一个决定性因素。因此，加强教学保障是职业本科院校实现高质量教学的关键。首先，加大教学经费投入。一方面，与企业之间保持稳固的合作关系，立足自身办学优势与之保持长久、深层次的合作共赢关系，将企业资金或先进设备引入教学中，提高教学的硬件设施数量和质量；另一方面，增强职业本科院校自身的“造血”功能。日本、澳大利亚等发达国家的高职院校通过自营创收来拓宽经费投入来源已经成为一种发展趋势。职业本科院校亦可以利用自身现有资源的出让获取一定收入，比如出借学校闲置资源和生产实训设备，或利用科技成果创收，积极推动科研成果转化，将其经济收入投入科技创新实践项目中，从而实现教学经费持续循环。其次，加强实践教学基础设施及场地建设。基础设施尤其是实验、实训基地是职业本科院校实现高质量教学的外部条件和基本保障。因此，职业本科院校要因地制宜、合理布局，加强学校与学校、学校与企业的联合，坚持互惠互利原则，共建密切联系生产实际、有机结合技术发展的产业学院和协同创新中心、实验室、实践基地等，加快补齐“短板”、加固“底板”，为学生实践能力、创新能力的培养提供多元化的选择平台。

三、职业本科院校高质量教学的实现机制

（一）互动机制：政校企协同参与

职业本科院校蕴含的“教育属性”与“职业属性”的跨界融合，决定了其产教融合、校企协同的办学模式。因此，职业本科院校应高度重视“政校企”协同参与教学改革，构建深层次的多主体互动机制以促使高质量教学的实现。但是，从职业本科院校教学的现实样态来看，近几年职业本科院校试点院校虽然在不断持续推进校企合作，但对“政校企”三方在教学改革中的功能定位仍缺少关注，校企双方合作粘性不足，导致政校企之间尚未形成良性互动，各主体的利益未能得到充分实现。职业本科院校高质量教学的实现不仅要关注院校自身的利益，更要注重其他主体在协同创新中所起的作用及赢得利益，通过高校、政府、企业三种力量之间的深度合作、相互作用，形成一个动态、开放的协作系统，从而达到对高层次技术技能型人才培养的协同创新效应。在互动机制上，只有“政校企”三方共同努力，才能形成校企联合培养人才，推进职业本科院校实现高质量教学。

首先，政府作为搭建校企合作平台的一个“纽带”，可以采用政策导向、税收减免等措施对参与校企合作的企业进行激励，构建完善的校企合作成本补贴制度，充分考虑企业利益诉求，进而提升企业参与办学的内生动力。其次，职业本科院校作为技术技能人才的“生产者”，在实现高质量教学的过程中占据主导地位。所以，职业本科院校应当对教学系统的各个环节和因素都有一个清晰的认识，正确把握这些要素之间的相互联系，强化主动服务地方经济社会发展和产业转型

升级需求的意识，构建一个以职业为导向的开放式教学体系。与此同时，完善职业本科学校理事会或董事会、学术委员会、教学工作委员会、校企合作委员会等组织机构和治理制度，打造基于产教融合的开放型治理格局，实现高层次技术技能型人才培养与产业发展需求的有效衔接。最后，由于职业本科院校所培养的人才最终要进入市场，所以，企业应以“验收者”的身份参与技术技能人才培养中。作为“验收者”，企业可以利用政策红利以及合作平台，将产业发展需求反馈到学校，通过对职业本科院校毕业生的综合能力进行检验，可以及时反馈职业本科院校人才培养质量，为职业本科院校实现高质量教学提供一些参考意见。

（二）激励机制：多元评价与有效激励相统一

教学评价是指挥棒，通过对教学效果进行评价与反馈，教师可以适时调整自己的教学目标、修改教学内容、改进教学方法，保证教学工作步入新一轮的良性运行。因此，职业本科院校高质量教学的实现需要根据职业本科院校发展需求，构建一个符合职业本科院校特色的教学评价体系，以便对教学效果进行科学评价，并有效激励多元主体参与教学。

由于职业本科院校人才培养目标的特殊性，其高质量教学实现应以多样化的评价主体、多元化的评价内容及方式为遵循来实现教学评价的科学性与有效性。首先，在教学评价主体上，除了校内专任教师之外，还应包括学生、用人单位、第三方机构等，应该是多方评价主体的综合考核。具体来说，在教学过程中，每当学生完成一项任务时，要让学生对自己学习成果做出评价，并根据自身的学习效果形成学习总结，培养学生自我反思能力。另外，邀请行业企业专业人员根据实际岗位的工作要求，评定学生是否具备企业真正需要的职业能力，这对于学生职业岗位胜任力的提高有很大的帮助。其次，在评价内容上，与普通本科院校的教学相比较，职业本科院校的教学评价不能以单纯的理论知识卷面考核成绩为重，这样的评价不符合职业本科院校办学定位，太过片面。在考核学生理论知识和实践操作水平的基础上，还要加强对沟通交往能力、团队合作能力、创新能力等综合素质的考察，注重学生实际问题解决能力的培养。最后，在评价方法上，应摒弃传统的“一考定终身”的理念，依据不同的学习任务，采用过程性考核和结果性考核相结合的方式，实现教学活动全程系统化的评价。具体来说，可融合情境模拟训练、成果展示、报告书面总结等方式开展教学评价。除此之外，还可以把学生的科技竞赛、项目经历列入考核范围，增强学生参与比赛和项目的兴趣与信心，促进学生的全面发展。

美国教育评价专家斯塔菲尔比姆提出CIPP评价模式，认为评价最重要的目的不在证明，而在改进。通过多元化的教学评价，教师可以全面掌握学生学习情况，并根据学生学习效果进行针对性的指导。学校也可以根据师生信息反馈，及时发现教学问题，并且进行适时的调整，确保教学系统正常运转。科学合理的教学评价体系起着导向与激励作用，要依据评价结果，采用合理、可行的激励措施，使广大师生从思想到行为都能关注教学。为了鼓励教师朝着“专家型双师”的方向迈进，可表彰和奖励长期在教学一线工作、成绩显著的教师，或者对职称晋升中的“专家型双师”予以一定的政策倾斜；鼓励教师到企业挂职学习，并使之与教师职称晋升考核指标挂钩；开发多样化的科技创新实践项目，支持学生参与科研竞赛，将学生的科技竞赛和项目经历等纳入考核范围，保证学生学分获得渠道的多样性和灵活性。这种多元化、多角度、全过程的教学评价体系，保证了信息反馈的客观性、全面性和及时性，也为教学激励机制的建立提供了有力的依据。

（三）保障机制：全方位监控教学质量

教学质量监控不仅关系到教学效果，而且关系到教学体系的完善。职业本科院校高质量教学的实现要求职业本科院校必须加强教学质量监控工作的广度与深度，将教学工作的各环节及影响教学质量的各因素均纳入质量监控工作范围内，力求做到全方位。全方位的教学质量监控需要全过程收集各教学主体对教学活动的策划、准备、实施和完成的所有反馈信息。例如，教师、学生和行业企业可以对教学管理和服务进行评价，学校可以对教学活动的每一环节进行全程监控，从而对教学情况有一个整体的了解。除此之外，还要从多个角度监控教学质量，在全面保证质量监测的基础上，重点抓好关键点改进。高质量发展背景下的职业本科院校的教学质量保障必须重视教学目标与产业结构转型升级对高层次技术技能型人才需求的契合度，以及教学内容与相关产业行业前沿技术的融合度。因此，教学质量监控必须强调对教学目标和教学内容的定期评价。为了有效监控教学与产业发展的步调，职业本科院校应邀请学校合作单位、科研机构、跨国企业等各方参与教学质量监控，将内部监控与外部监控有机结合，弥补学校内部监控的“滞后”和“封闭”问题。这种全过程、多角度、多方参与的教学质量综合监控，有利于全方位提升教学水平，保障高质量教学的实现。

第七章　职业本科高校教育教学方法研究

本章主要基于对职业本科教育试点院校教学方案进行分析的基础上，依据国家相关教育政策要求和调研访谈结果，探讨职业本科教育教学方案的适切教学性及不适切的成因，以期为提出职业本科教育教学方案的适切性策略奠定依据。

第一节　职业本科高校教育教学方案适切性分析

一、本科层次职业教育人才培养方案适切表现

（一）规范培养方案制订流程，以对接专业发展需要

人才培养方案的制订是专业建设发展的重要内容，对于窥探人才培养方案与社会的适切性也具有重要意义。为规范人才培养方案的制订流程，大多试点院校依据《国家职业教育改革实施方案》和《关于职业院校专业人才培养方案制订与实施工作的指导意见》等政策文件制订了学校本科专业人才培养方案制（修）订指导意见，用以规范和管理本校专业人才培养方案的制订、修订和执行工作。如《成都艺术职业大学人才培养方案管理办法（试行）》、《湖南软件职业技术大学关于编制本科人才培养方案的指导性意见》、泉州职业技术大学的《专业人才培养方案指导意见》等，介绍了本科专业人才培养方案制订的原则、程序、调整与更新要求及基本内涵要素等内容。大多试点院校在人才培养方案的制订工作中，重视基层教学组织中二级学院对专业人才培养方案制订基本权利，总体来说，遵循自下而上的逻辑，要求在人才培养方案制定前各二级学院要充分调研区域劳动力市场和周边同类院校相关专业的人才培养情况，以掌握专业对应行业发展状况、专业职业面向相关信息、行业产业对从业人员的基本要求、人才招聘渠道、专业

布局点和专业教学情况等内容，以使专业人才培养方案与社会市场相适切，如泉州职业技术大学本科专业人才培养方案制订流程图（图 7.1）所示。

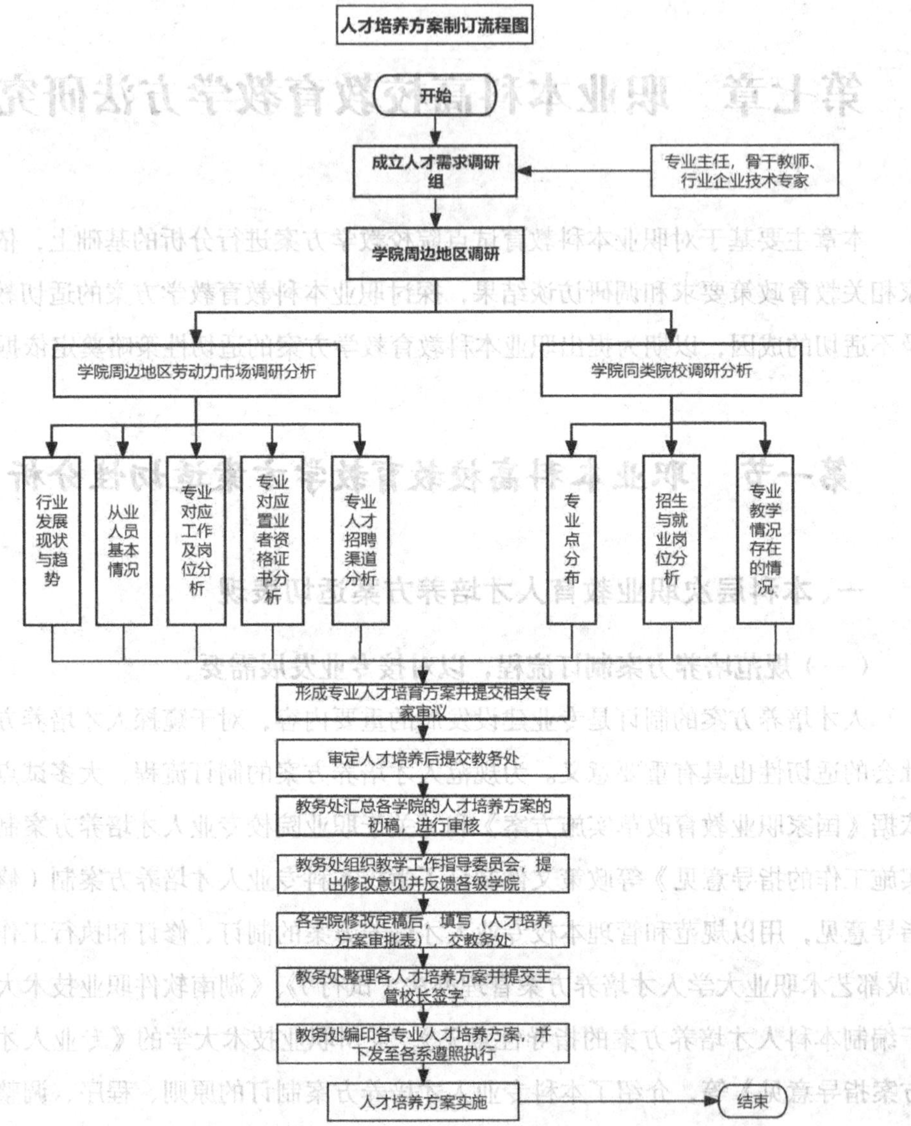

图 7.1　泉州职业技术大学本科专业人才培养方案制订流程图

资料来源：泉州职业技术大学官方网站。

职业性是本科层次职业教育的基本特色，要求本科层次职业教育要面向区域经济发展要求进行专业设置和建设，专业建设发展的重要举措之一是专业人才培养方案制（修）订和执行。因而，在人才培养方案的制订主体上，为提高人才培养方案的适切性，试点院校十分注重校企共同制订人才培养方案，充分挖掘相关行业专家的意见，邀请行业专家参与人才培养方案的制订，确保人才培养方案的科学性。同时，为保证人才培养质量对接产业发展趋势和行业发展需求，各试点院校二级学院积极深入企业行业进行调研论证，以形成职业岗位（群）知识能力要求清单，并依据其确定人才培养目标与规格，进而反向设计专业核心课程体系。如山东外事职业大学表示学校成立了由企业人员参与的专业建设委员会，深入开展产业标准研究，强调与行业（企业）共同制订人才培养方案，科学定位人才培养目标，提高人才培养标准与社会需求的契合度，使人才培养方案更贴近一线生产需求并对接社会需求。

（二）依据国家政策要求，培养高层次技术技能型人才

1. 国家政策对人才培养目标与规格的要求

本科层次职业教育在我国尚属“新生”事物，有关本科层次职业教育人才培养的政策可以追溯到2010年国家颁布的《国家中长期教育改革和发展规划纲要（2010—2020年）》，而步入试点阶段性的一步是与2019年颁布的《国家职业教育改革实施方案》。2010年至2020年这一阶段的人才培养目标在政策的推动下转变为培养技术技能人才，即我们通常所说的技术人才或复合型人才，技能型人才能够更好地适应社会的发展与用人单位的需求。为更清晰地表现我国相关政策对本科层次职业教育人才培养的定位、培养目标与规格要求，现根据研究的需要对其进行系统的梳理，具体详情见表7.1。

表7.1　国家政策对人才培养目标和规格的要求

序号	文件	时间	政策要求
1	《国家中长期教育改革和发展规划纲要(2010—2020年)》	2010	职业教育要满足经济社会对高素质劳动者和技能型人才的需要；树立终身学习观念，为持续发展奠定基础
2	《国务院关于加快国内职业教育的决定》	2014	加快现代职业教育体系建设，深化产教融合、校企合作，培养高素质劳动者和技术技能人才
3	《现代职业教育体系建设规划(2014—2020年)》	2014	培养高素质劳动者和技术技能人才，重点培养具备新技术、高技能的高素质技术技能人才

续表

序号	文件	时间	政策要求
4	《国家职业教育改革实施方案》	2019	高等职业学校要培养服务区域发展的高素质技术技能人才，重点服务企业特别是中小微企业的技术研发和产品升级，加强社区教育和终身学习服务
5	《关于在院校实施〈学历证书+若干职业技能等级证书〉制度试点方案》	2019	以习近平新时代中国特色社会主义思想为指导，完善职业教育和培训体系，按照高质量发展要求，以学生为中心，深化复合型技术技能人才培养培训模式和评价模式改革，畅通技术技能人才成长通道和拓展就业创业本领
6	《关于深入学习贯彻〈国家职业教育改革实施方案〉的通知》	2019	要完善高层次应用型人才培养体系，开展本科层次职业教育试点，探索长学制培养高端技术技能人才
7	《职业教育提质培优行动计划(2020—2023年)》	2020	把发展本科职业教育作为完善现代职业教育体系的关键一环，培养高素质创新型技术技能人才
8	《职业本科专业设置标准》	2021	设立本科职业教育专业要牢固树立新发展理念，顺应新一轮科技革命和产业变革，积极服务于先进产业和产业链升级，遵循职业教育规律和人才成长规律，本科层次的职业教育专业设置要体现职业教育类型的特点，坚持培养高层次技术技能型人才的定位
9	《职业本科学校设置标准》	2021	坚持党的全面领导，贯彻党的教育方针，落实立德树人根本任务。坚持面向市场的办学方向，坚定职业教育属性、定位和特色，为国家和区域经济发展培养高层次技术技能型人才
10	《关于推动现代职业教育高质量发展的意见》	2021	坚持党的领导，坚持正确办学方向，坚持立德树人，优化类型定位，培养更多高素质技术技能人才、能工巧匠、大国工匠
11	《职业教育专业简介》新版	2022	培养德智体美劳健全发展，掌握扎实科学文化基础知识、专业理论知识……具有良好的职业道德、工匠精神和信息素养，具备较强的适岗能力、可持续发展能力和创新能力，能够从事专业……实践的高层次技术技能型人才

资料来源：根据教育部网站发布的政策内容整理而成。

通过对以上相关政策的梳理，不难发现2010—2019年以前的政策文本内容在高等职业教育的人才培养目标定位上体现为“高素质劳动者和技能技术人才”“高素质技术技能人才”，而“应用型”“复合型”“技能型”是对高等职业教育人才培养规格要求的基本体现，总的来说，蕴含了国家和社会对高等职业教育人才培养定位、人才培养目标与规格的基本要求。直至 2019 年，随着《国家职业教育改革实施方案》颁布，

本科职业教育试点工作在我国落地生根，教育部先后批准了 22 所试点院校。为加强对职业本科的政策引领，国务院和教育部逐渐出台了相关政策，但针对本科层次职业教育人才培养和教育教学的政策文件尚不多，可见本科层次职业教育政策尚需不断完善。对已有政策进行梳理发现，培养“高端技术技能人才”“高素质创新型技术技能人才”“高素质技术技能人才”“高层次技术技能型人才”是对高等职业教育人才培养定位和培养目标的基本提法，其中《职业教育提质培优行动计划（2020—2023 年）》《职业本科专业设置标准》《职业本科学校设置标准》和《职业教育专业简介》明确提出本科层次职业教育要坚持“高层次技术技能型人才”的培养定位，这为本科层次职业教育人才培养目标的确定提供了基本遵循，也是我国大多数学者所认可的。

总的来说，相关政策对其人才培养目标和规格的要求为：遵循职业教育规律和人才成长规律，坚持本科层次职业教育服务面向和就业面向，为国家和区域经济发展培养人才；在人才培养目标定位的要求上，本科层次职业教育要坚持培养高层次技术技能型人才；在人才培养规格素养要求上，本科层次职业教育要坚持立德树人的根本任务，培养德智体美劳全面发展，具有良好的职业道德、工匠精神和信息素养的人；在人才知识与能力的要求上，本科层次职业教育要培养专业理论知识扎实、专业实践能力强，具备可持续发展能力、终身学习能力与创新能力的高素质技术技能人才，即重视人才培养规格素质的复合性和重视学生适岗能力和终身学习能力的形成。

2. 依据国家政策要求，坚持高层次技术技能型人才培养定位

通过对已有本科层次职业教育试点院校人才培养方案培养目标的统计梳理，发现试点院校中有 90.1% 以上的专业对人才培养目标的表述为“高层次技术技能型人才”，3.9% 的专业对人才培养目标的表述为“高素质技术技能人才”，3.9% 的专业对人才培养目标的表述为“复合型高层次技术技能型人才”，1.4% 的专业

对人才培养目标的表述为“高端技术技能人才”,0.6% 的专业人才培养目标是“高级技术技能人才”，总的来说，试点院校对人才培养目标的定位与国家政策要求基本保持一致。在人才素养要求上，基本所有试点院校人才培养方案的培养目标都坚持立德树人的育人目标，注重社会主义核心价值观的引领以培养德智体美劳全面发展的人，重视职业素养和工匠精神的涵养，这与国家政策要求基本一致；在知识与能力要求上，基本所有试点院校都围绕岗位（群）或职业（群）表述了该专业应该具备的专业理论知识或专业实践能力要求，以及重视受教育者的实践能力和创新能力的培养，这与国家政策对本科层次职业教育的人才培养要求相协调。

（三）对接培养目标与规格，确定课程结构和课程内容

课程与人才培养质量息息相关，不合时宜的课程制约着人才培养目标与规格的实现。课程体系要与培养目标、规格实现内部逻辑自洽，同时还要适切产业转型和经济高质量发展对人才能力结构的需求，提高课程结构和课程内容的适切性。

1. 对接人才培养规格要求，确定课程结构

确定人才培养目标和规格之后就需要选择合适的课程类型，以实现培养目标和规格提供内容支撑，即要科学地设置课程结构，是人才培养方案制订中最为关键的内容。试点院校采取了“平台 + 模块”的课程设置方式，并根据不同平台和模块构建不同的课程类型，使得课程结构既凸显职教本科的课程特色，又满足本科层次职业教育培养高层次、高水平技术技能人才的需求。通过对相关资料的整理，发现大多本科层次职业教育试点院校注重课程结构对培养规格的支撑，并在人才培养方案中呈现了课程体系或专业核心课程体系与培养规格支撑关系矩阵图。如泉州职业技术大学的课程体系的构建流程是：要求专业全体教师、企业代表参与，要根据岗位群、培养目标和规格反向设计课程体系，根据 OBE 能力矩阵分析设置课程，重构课程体系。

2. 课程内容对接职业标准，保证人才培养质量

本科层次职业教育试点院校在课程体系的建构中注重将职业标准内容融入课程内容，使得课程内容对接职业标准内容，以满足高层次技术技能型人才培养目标的实现，最终提升毕业生质量与社会需求的吻合程度，这也是与普通本科教育

的区别所在。同时，依托校企合作共同开发专业课程，并开设了企业课程，由企业行业专家进行讲课，及时让受教育者了解企业行业一线技术技能生产、管理现状，掌握相关学科的基本知识和了解行业发展的前沿动态，以提升课程内容的前瞻性和应用性，培养受教育者的适岗能力和创新能力。

（四）以培养技术技能人才为目标，构建教学体系

本科层次职业教育试点院校人才培养方案的教学体系的构建注重以实践能力培养为主线，对接高层次技术技能型人才培养的目标，总体来说与国家相关政策对职业本科实践教学的要求相适切，与社会市场企业行业重视人才技术实践能力和应用能力的要求相协调。

1. 以实践为导向，采用理实一体的教学理念与模式

重视技术的应用、实践和创新等素质能力的形成是本科层次职业教育人才培养目标的基本定位，因而教学体系的构建和实施要以实践为导向，培养技术技能型人才。通过对相关资料的整理发现，在教学理念上本科层次职业教育秉持突出实践导向、理论与实践并重的原则，基本所有专业的实践教学学时都达到了占比总学时 50% 以上的要求，这与《本科层次职业教育专业设置管理办法（试行）》等文件对本科层次职业教育人才培养方案教学学时要求相一致。在教学模式上，注重采用理实一体、产教融合和产学研结合的教学模式，以校企合作为基本抓手，在专业课程的教学安排上邀请企业专家承担一定课程数量和学时的教学，重视学生创新能力和实践能力的培养，有利于促进学生职业技能等规格素质契合企业人才需求。

2. 制订专业教学标准，促进教学过程与生产过程相对接

专业教学标准是人才培养方案制订和实施的重要依据，影响着专业的教学实施和教学质量。为保障人才培养质量和职业教育属性，试点高校都非常重视本科层次职业教育专业教学标准的制订，如广西城市职业大学的做法是在各个本科专业的教学标准初稿出台后，学校分别邀请了至少 1 所优质高职院校或本科院校的专家和至少 2 个行（企）业单位专家对专业教学标准进行论证，多途径对本科专业教学标准的必要性、合理性、可行性等进行论证，以保证专业教学标准的科学性和人才培养的质量。

其次，各试点院校人才培养十分注重教学过程与生产过程对接。在教学过程的安排上，试点院校注重以技术应用和实践能力的培养为目标，在教学中强调以工作过程的项目教学为抓手，以产教融合为主线，以提高受教育者的实践能力为原则，积极聘请行业企业兼职教师、技能名师参与教育教学，并引进产业真实项目，促进教学过程与生产过程无缝对接。此外，注重将思政元素融入课程教学活动之中，各试点院校要求授课教师充分做好教学设计，以各门课程为主阵地，以教学为主线，将工匠精神融入培养目标，使得思政元素贯穿于各门课程的教育教学之中，塑造学生的职业精神和职业素养。

3. 重视实践技能培养，合理构建实践教学体系

实践教学体系是本科层次职业教育人才培养方案的重点要素内容，试点院校都非常重视实践教学平台的搭建，如江西软件科技职业技术大学，突出学生实践能力和创新精神的培养，构建了与人才培养目标相适应、与课程理论教学相配套、以提高实践能力为主线的“三位一体”实践教学体系。总的来说，大体形成了由公共基础课程实践、专业课程实践和集中实践教学环节形成的实践教学体系。通过对试点院校人才培养方案实践教学学时的统计，发现各试点院校本科专业的实践教学学时占比课程总学时皆达到50%以上，符合国家相关政策要求，其中电子信息大类和文化艺术大类专业实践学时占比总学时平均达到60%以上。同时，在实践教学平台中，统计发现公共基础课程实践学时占比实践教学学时16%左右，专业课程实践学时占比实践教学学时37%左右，集中实践教学环节占比47%左右，说明在实践教学安排上，以顶岗实习等环节构成的集中实践教学环节是培养学生实践能力的主要平台。

在实践教学体系的实施进程上，各试点院校不仅重视各类课程的实践教学，而且注重实践教学贯穿于学生的整个教育教学计划，使得高层次技术技能型人才培养模式更加清晰，目标更加明确，各个实践环节更加科学，内容与实践结合更加紧密。如在实习安排上，某高校教师表示，学生的实习贯穿于学生的整个学习过程，总的来说分为认知实习、跟岗实习和毕业顶岗实习，对一、二年级学生主要为入门式、体验式的认知实习，第一学年和第二学年都会组织学生去实习单位进行为期一周左右的时间进行认知实习，以对实习单位和相关岗位形成初步认识；

对二、三年级学生主要为操作式实践的跟岗实习，此时主要是安排学生在专业人员指导下参与部分实际辅助工作的活动，时间不少于三周；对四年级的学生来说，要求进行24周的顶岗实习，要求到相应岗位进行独立实习，是符合学生由简单到复杂、由初级到高级的认知活动规律的。

（五）对接专业人才培养需要，强化实施保障体系

在人才培养方案中，由师资队伍、教材和实训基地等要素构成的实施保障是影响人才培养目标与规格的实现以及达成程度重要因素，亦是人才培养方案实施和运行的重要支撑条件。

1. 依据国家政策要求，加强师资队伍建设

高质量人才培养离不开高质量师资队伍的支撑，基于学校办学定位和人才培养目标角度，以及对接专业教育教学的需要，本科层次职业教育试点院校教师队伍建设注重从师资结构、数量、素质等方面建构，以保证师资队伍的高质量发展对接人才培养质量的提升。本科层次职业教育试点院校教师队伍建设主要依据《深化新时代职业教育"双师型"教师队伍建设改革实施方案》《国家职业教育改革实施方案》和《本科层次职业教育专业设置办法管理办法（试行）》等文件进行，从结构、数量和素质等角度对标建设。在师资结构上，注重教师队伍学历结构、职称结构和年龄结构的合理化建设，尤其重视高学历技术人才的引进，以满足培养高层次技术技能型人才的需要，师资队伍建设注重专职教师与兼职教师相结合，同时使兼职教师占比一定数量，并且承担总课时20%以上的教学任务，有利于促进受教育者职业技能及时对接企业需求，缩短就业后的适岗时间。在师资数量上，大多试点院校人才培养方案详细介绍了专业教师总数、专任教师数、兼职教师数、高级职称教师数、研究生教师数和"双师型教师"占比数，通过统计和梳理，90%以上的试点院校专业拥有高级职称的教师数量和研究生学位的教师数量占比基本达标。在素质上，注重以产教融合能力为核心打造师资队伍体系，提高"双师型"教师占比，以为人才培养方案的执行提供人力资本支撑。通过对学生的访谈调研，他们表示，现有的师资队伍基本能满足专业教育教学的需求，职业本科教师在教学上很明显的特点就是非常注重学生职业技能的培养，老师还会带领学生参与各类比赛。

2. 注重教材编写与选用，满足基本教学需要

教材是影响学生知识、能力和素养形成最直观的物质材料，教材内容和质量的高低直接关系到人才培养目标与规格的实现程度，也是本科层次职业教育“三教改革”的重点之一。在对试点院校人才培养方案整理时发现，各专业都十分重视本科层次职业教育专业教材的建设，为保证教材的质量和科学性，试点院校专门建立了由专业带头人、教研教师、行业专家等人员组成的教材建设和管理工作组，并出台了本科层次职业教育教材管理办法等文件。在教材编写上，注重对接专业发展需要，注重素质教育、实践能力及创新能力的培养，为学生综合素质的协调发展创造条件。大多试点院校鼓励教师结合教学需要联合校企合作单位编写出版特色教材，积极开发和编写活页式教材和工作手册式教材，使其更加贴切于本科层次职业教育高层次技术技能型人才培养的需要。在教材的选用上，严格筛选使用国家和地方规划教材，学校思想政治理论课程统一使用国家统编“马工程”教材。此外，注重电子信息资源的利用，根据专业及课程特点建设开放在线课程（含MooCs）、开放课件（含微课）、开放教学材料、开放软件、职业教育专业教学资源库等多种类型的学习资源。对学生进行访谈时，他们表示学校用的教材还是比较新的，都是最近几年的教材，有的教材是自己学校老师编写的；在教学资源上学校提供了慕课等网络教学资源平台，学生不仅可以随时随地地进行学习，同时还能将慕课学习纳入学生的总学分之中。

3. 对接专业人才培养需求，重视实训基地建设

为保证本科层次职业教育专业人才培养的顺利进行，培养学生的专业基本技能和职业素质，学校及学院积极根据学校办学定位和专业培养需求，与地方企业、行业共同建立实训基地，保证实践教学活动的顺利实施。试点院校各学院注重以校企合作为抓手、以产教融合为主线、以共建共享为原则与企业建立了一定数量的校内和校外实训基地，在教学模式中积极落实“双元”育人制度，保证学生专业仿真实训教学和顶岗实习等实训教学活动的顺利进行。同时，与“1+X”证书制度相结合，建立职业技能培训和鉴定基地，如河南科技职业大学的汽车服务工程技术专业的实训基地拥有汽车机械维修工职业技能培训鉴定资质，可以支撑面向社会开展职业技能培训认证。

二、本科层次职业教育人才培养方案不适切表现

本科层次职业教育试点以来，其人才培养方案在制订和实施工作中取得了一定的成效，但也存在一些不适切的因素制约着本科层次职业教育人才培养的质量，主要体现在以下几个方面。

（一）培养目标、规格内容不具体，与国家政策要求不协调

1. 人才培养目标定位不清晰，前瞻性不强

培养目标不仅需要体现专业特色，也要对接国家政策要求和社会实际需求，目前本科层次职业教育院校人才培养方案中的培养目标存在定位不清晰、缺乏前瞻性等问题。一是人才培养目标定位不够清晰，内容不够具体。通过统计发现，有部分试点院校人才培养目标定位为“高素质技术技能人才”和“高级技术技能人才”，这与高职专科人才培养目标定位并无太大区别，难以凸显本科层次职业教育的特色；通过访谈也发现，部分本科层次职业教育院校的领导和教师对人才培养目标定位并不太清晰，表述不一，对“高层次”的把握并不十分明了。同时，部分院校的人才培养目标定位过于理想化和抽象化，如某试点学校的人才培养目标部分内容表述为“具有健康长寿心灵美、就业创业能力强、造福社会贡献大等综合素质”。二是人才培养目标指标体系不够全面，对照《职业教育专业简介》，发现各专业对学生可持续发展能力和终身学习能力的培养不够重视。大多院校重视受教育者职业素养、创新能力和就业能力的培养，但试点院校 70% 的专业人才培养目标文本内容未体现受教育者可持续发展能力和终身学习能力的构建。三是人才培养目标缺乏前瞻性。通过对已有资料的梳理发现，本科层次职业教育试点院校中只有成都艺术职业大学、广西城市职业大学等部分院校体现了培养目标的前瞻性内容，如从受教育者毕业后 5 年内或者 3—7 年内对人才培养目标做出规划，而大部分院校并未增加这一方面的表述，人才培养目标的前瞻性不强，对受教育者终身学习能力和可持续发展能力培养不够重视。

2. 人才培养规格内容不具体，专业特色不明显

大多试点院校人才培养规格从知识、能力与素养三个维度进行构建，是培养目标的具体化，但目前试点院校人才培养方案的培养规格存在指标体系不具体，

专业特色不明显的问题。一是在知识要求上，培养规格指标体系较为笼统，不够具体，如某高校建筑工程专业人才培养方案培养规格中知识要求体现为“掌握本专业必须的自然科学知识和人文社科知识，熟知相关学科的有关知识”。二是在能力要求上，大多院校忽视了受教育者探究能力、可持续发展能力和终身学习能力的要求，但在《本科层次职业教育专业简介》中，终身学习和可持续发展能力是本科层次职业教育高层次技术技能型人才的必备能力之一。三是素养要求上出现了模板化的现象，各专业素养要求尤其是通识知识素养要求基本一致，忽视了专业能力素养的构建，专业特色不明显，依据教育部颁布的《关于职业院校专业人才培养方案制订与实施工作的指导意见》，各专业要科学合理地制订培养目标，依据区域发展、学校办学定位和专业特色明确学生的培养规格。同一个院校的不同专业，人才培养目标是不同的，其知识结构、素质结构、能力要求也是不相同的。四是对专业职业技能证书重视不够，只有广州科技职业技术大学、河南科技职业大学、江西软件职业技术大学、泉州职业技术大学等部分试点院校在人才培养规格中说明了该专业应具备的职业资格证书、数量等相关要求，依据《国家职业教育实施改革方案》，高等职业教育要积极落实“1+X 证书制度”，并将其融入人才培养方案的制订和实施中，增强学生的职业技能和实践能力。

（二）课程体系、课程实施不科学，与培养规格契合度不强

1. 课程体系对培养目标与规格的支撑不强

课程体系对培养目标与规格的整体支撑存在不足，不同课程模块之间关联性不强，课程体系整体育人功能发挥受限。课程体系的各个课程模块之间存在相互分离、各自为政的现象，职业素质课、职业技能课和职业实践课分段排列，各课程之间自成体系，缺乏相互沟通，各课程模块合力育人功能不强。同时，部分试点院校在对课程体系与培养规格支撑关系矩阵图的构建上存在缺失或不全的现象，有的院校仅体现专业课程体系对能力结构的支撑关系，忽视了对知识和素养支撑关系的构建。如成都艺术职业大学和广东工商职业技术大学部分专业人才培养方案注重专业课程体系对培养规格的支撑，海南科技职业大学重点介绍了核心课程体系，但是缺乏对课程体系与培养规格支撑关系矩阵图的构建。此外，在对课程体系与培养规格支撑关系矩阵图分析时发现，大多试点院校公共基础课对通

识知识、通用能力和一般素养支撑较强，但忽视了职业素养的支撑；专业课仅对专业知识和专业技能支撑最强，对通识知识、终身学习、可持续发展能力、身心健康素养、综合素养等通用能力的支撑略有不足；专业实践课重在支撑专业技能和实践能力的提升，对人文社科知识、身心素养、人际沟通和团队合作能力的支撑略显不足。这说明各本科层次职业教育各课程模块之间在对培养目标、规格的支撑关系上存在相互分离、关联程度不高的现象。

2. 课程实施存在以学科知识为中心的现象

课程实施上存在以学科知识为中心的现象，与培养重视技术应用、创新和实践的高层技术技能人才培养目标不相协调。在课程实施中，课程设置并非采用了“平台 + 模块”的方式，才能体现实施了职业本位课程设置理念。本科层次职业教育课程结构的构建强调就业导向和能力本位导向，但是在课程实施中，发现存在先理论知识后实践、理论知识与实践技能相分离的现象，并不能帮助受教育者很好地将知识与技能相结合。课程结构不是以职业逻辑和工作过程为基础，而是以知识为基础，强调理论知识的学习，而不是实践技能的学习，那么本质上还是以知识为基础，培养的人才肯定达不到技术人才的要求。某高校的学生表示课堂理论课程和理论知识传授较多，专业理论课程和实训课程前后衔接不是很紧密，主要是实训课程一般不固定时间，受实训教师和实训教室的制约，所以感觉专业理论知识和实践并不能很好地结合起来。

（三）实践教学体系构建不够完善，制约着人才培养质量

1. 理论与实践教学学时分配不够科学

在理论教学学时与实践教学学时分配上，实践教学学时存在机械增加的问题。为了显示实践教学的重要性，几乎所有的评估都提出了实践比例的要求，有些高校为了显示教改的“程度”，大幅提高实践教学的比例，这显然是片面的，从教育规律看，实践教学占比应该科学适度，并非越大越好。据统计，试点院校各专业的实践教学学时虽然占比总学时皆达到 50% 以上，但也发现部分专业的实践教学学时占比刚好达到 50%，教学体系的实践性并不明显。如山东某高校的电子商务专业、现代物流管理专业和国际经济与贸易等专业。也有部分专业的实践教学学时达到 65% 以上，存在实践教学学时机械增加的现象。本科层次职业教育

院校的实践教学平台大体由公共课实践教学、专业课实践教学和集中实践教学环节三部分构成，其中有的院校将大学军训、入学教育、劳动教育等教学活动纳入集中实践教学环节中，集中实践教学环节学时占比存在片面增加的现象，致使集中实践教学环节致力于专业实践能力培养的功能减弱。

2. 实践教学体系实施形式和载体不够丰富

实践教学体系的实施形式和载体不够丰富，实践教学质量难以保证，影响着受教育者实践能力、创新能力、综合能力的形成。在实践教学实施形式上，本科层次职业教育实践教学多为课程实训、跟岗实习、顶岗实习等措施，并没有打破传统的实践形式，整体上依旧采用先理论后实践的教学方式，学生的实践教学学时虽然增多了，但是实践技能的提高并不明显。在实践教学实施的载体上，实践教学的实施依附于单门课程，片面追求实践学时占比容易出现“碎片化堆砌”现象，实践教学的整体育人功能被削弱或忽视，与技术应用型人才培养系统训练的要求和重视技术技能综合应用的特征不相适应，难以保证受教育者综合能力和创新能力的形成。教学设计仍以“简单加法”为基础，而不是“系统整合”，实践课以知识点为基础，试图通过简单加法获得整体，人为分割的碎片化教学导致学生缺乏综合应用能力和工程能力。

3. 实践教学考核评价指标体系不够完善

实践教学考核评价指标体系不够完善，难以甄别受教育者在实践教学中的目标达成度。《职业教育体质培养行动计划（2020—2023年）》指出要完善落实以受教育者为中心的专业和课程教学评价体系，着力强化学生实践实习实训考核评价体系，这凸显了实践教学考核评价体系的重要性。在试点院校人才培养方案教学进程与安排表中，各试点院校对各门课程的考核方式皆有所规定，多为考试和考查两种形式，其中对实践教学多为考查的形式，但对于集中实践环节如跟岗实习、顶岗实习、毕业设计等实习实训考核方式方法并没有太多详细的规定。这说明集中实践教学的考核方式和指标体系等内容尚需改进完善，应从培养目标和规格出发构建实践教学评价体系，达到以评促教、以评促改的目的。

（四）师资队伍体系建设不够合理，与政策要求存在差距

优化师资结构和改善师资质量是本科层次职业教育试点院校提升办学质量

的重点举措，但目前师资体系建设不够合理，与政策要求尚存在一定差距，表现为师资结构的不合理、教学和科研水平有待提高、“双师型”教师数量的不足等问题，这制约着人才培养方案的实施效果。一是师资结构不太合理，难以对接高层次技术技能型人才培养的需要，主要表现为教师学历结构和年龄结构的不合理。在学历结构上，拥有硕士学位的教师数量占比基本达标，但是专业领军人才和博士学位人才相对缺乏。《本科层次职业教育专业设置管理办法（试行）》指出本科专业教师中“专任教师具有研究生学位的比例不低于50%，博士学位教师的比例不低于15%”。目前本科层次职业教育试点院校各专业拥有博士学位专任教师的数量不足。在年龄结构上，呈现出“两头大、中间小”的问题，年轻教师和退休的老年教师占比偏多，青年教师理论知识的储备不容置疑，但是关于专业实践技能等实践能力略显不足，而老年教师对企业行业的新知识、新工艺和新技术等内容的更新速度存在不足，这都影响着培养目标和规格实现。如广东工商职业技术大学指出，目前有待进一步解决的问题之一便是高层次人才的短缺，来自行业、企业的知名技术技能型人才屈指可数，师资队伍结构不够优化，综合素质有待提高。二是教学能力和科学研究能力有待提高，影响受教育者的实践能力和专业素养的提升。专兼结合是本科层次职业教育师资队伍建设的特点，但是专任教师的实践教学能力有待提升，而企业兼职教师的教育教学组织能力稍显欠缺，制约着学生的职业素养的形成。某高校大三学生表示，专业教师在上课过程中多以讲授为主，理论知识教学偏多，而企业教师上课多以讲座方式进行，知识不是很系统。湖南软件职业技术大学指出，目前学校青年教师教学能力需要进一步提升，主要体现为鼓励青年教师提高学历和实践教学能力，需要进一步完善学校教师专业技术职务评审方案。三是“双师型”教师队伍占比略显不足，尤其民办学校对本科层次职业教育“双师型”教师认定没有统一的标准，与本科层次职业教育人才培养的师资要求还有一定的差距。《本科层次职业教育专业设置管理办法（试行）》指出“双师型”教师占比应达到50%以上，对学校官方网站数据整理发现，截至2022年3月，超过70%的学校“双师型”教师占比低于50%，有的甚至低于30%。这说明本科层次职业教育“双师型”教师队伍的建设还存在一定上升空间。

（五）教材与实训基地建设质量不高，影响专业教学质量

1. 教材职教特色不明显，内容脱离岗位实际需求

通过对人才培养方案和相关资料分析发现，在教材编订的主体上，校企合作视角下的“双元”主体教材编写落实不到位，企业参与度不高，多由学校教师主持完成，其内容对企业行业岗位需求存在脱节现象。在教材编订形式上，多采用纸质版形式的教材，活页式和工作手册式教材数量不足，不能及时将专业发展前沿知识和岗位新技术、新规范纳入教材体系，教材的前瞻性不强，不仅影响着教学质量，也容易导致学生的综合素质与未来岗位需求相脱节，不利于学生的就业及可持续发展能力的形成。通过对现有职业本科学习材料的调研分析，发现职业本科学校教材主要存在缺乏职业教育特色、内容与工作要求脱节、内容滞后、学习材料利用率低等问题。

2. 校企合作力度不强，实训基地建设质量不高

实训基地建设和使用存在问题，制约着本科职业教育的人才培养质量。一是实训基地建设质量不高，存在“重数量、轻质量”的现象，校企协同实践育人机制不健全，制约着学生实践能力的提高。如南昌职业大学指出校外实习实训基地存在的问题是其作用没有得到充分发挥，校外实习实训基地数量少，建设中存在“重挂牌、轻建设”的现象，且学生实训和实习的机会较少，实习质量难以保证。二是校企合作力度不强，对实践教学支撑弱，企业对实践教学基地建设的积极性不高。如山东外国语职业技术大学认为目前产教融合和校企合作程度有待加强，企业参与本科层次职业教育办学程度有限，双方合作层次低，合作效益没有得到充分发挥，在一定程度上制约着人才培养质量。企业的参与通常局限于提供部分实训设备和相关专业人员讲课，不能真正帮助实训基地紧跟产业发展，满足社会需求。另外，实训基地的教师主要来自高校，由企业工程师授课的实训课时不多。某高校大三学生表示，“我们在寒暑假根据学校的要求要去进行实习，但是实习单位一般都是自己找，企业那边会安排指导教师，实习完需要凭借实习证明带回学校进行学分计算”。三是教学经费不足，实训教学推动存在困难，难以满足教学要求，学生实际动手和实战的机会少，实践教学及实习质量难以保证，同时实训人员职称及待遇等相关问题影响着实践课程的开设。

（六）质量保障体系不健全，影响培养方案建设与管理

评价指标体系不合理，制约着对人才培养质量的判断，质量保障体系不健全，不能全面把控人才培养质量。一是教学评价体系亟待调整，不能全面地甄别学生培养目标与规格的达成度。在评价指标体系上，过于注重专业理论知识与专业操作技能的掌握程度，忽视了受教育者身心素养和职业素养的评价，不能很好地体现培养全面发展和德技双修的高层次技术技能型人才的特色。在评价方式上，以书面测试为主的量化评价占主要地位，不适应于受教育者技术形成层次递进的规律和操作技能循序渐进形成的规律。在评价主体上，学校作为主要施教机构，仍占据评价的主导权，忽视了学生的自我评价和社会企业行业评价。通过调研发现，大多数本科专业教育机构在学生评价方面没有做出相应的创新调整，对学生“德技双修”教学目标的反应不强。二是在质量监控体系上，保障体制机制不够健全，部分教学质量监控负责人主体责任意识不强，管理能力有待提升，影响着学校对人才培养质量情况的全面把握。如成都艺术职业大学认为教学单位质量保障体系建设的主体作用有待加强，主体责任落实不到位，基层教学组织设置有待优化，保障体系尚需健全。同时，教学管理队伍缺乏系统的业务培训，教学管理人员的业务能力、管理水平需进一步提高。

三、本科层次职业教育人才培养方案不适切成因

新时代，我国经济高质量发展倒逼高等教育做出调整和改革。本科层次职业教育作为高等教育的新类型和职业教育的新层次，在我国尚处于试点探索阶段，目前国内尚无太多经验可供借鉴，因而本科层次职业教育试点工作的展开主要有“两条腿”。一是向国外取经，借鉴国外职业本科教育的办学模式，例如德国以校企合作为特征的“双元制”教育模式和加拿大能力本位导向的 CBE 教育模式，二是根据国内相关政策和已有的职业教育办学经验探索具有中国特色的本科层次职业教育。自 2019 年我国开展职业本科试点工作以来，大多高校都分析了目前在试点工作中取得的成绩和存在的问题，现根据试点院校的相关资料和访谈结果对其存在的问题进行归因分析，通过整理发现本科层次职业教育人才培养方案存在问题的原因主要可以从国家、社会和学校三个层面进行梳理。

（一）国家层面：相关政策缺位，制约人才培养方案的制订与实施

本科层次职业教育不应该是“舶来品”，而是要体现本土特色，这对本科层次职业教育而言既是机遇也是挑战，根据院校的相关资料显示，国家相关政策的落实难度大和有的政策尚未出台是目前制约本科层次职业教育人才培养方案适切性的瓶颈之一。

一是现有政策落实难度大，影响本科层次职业教育人才培养方案的制订和实施。国家虽然出台了相关教育政策，但是多起到宏观指引作用，能进一步提供较为具体的、实践操作性较强的相关配套政策不足。成都职业大学指出在职业本科教育试点过程中，面临诸多问题需要探索和解决，特别是涉及多部门协调配合的制度，例如职业本科的学位授予管理办法等政策尚不清晰，需要国家从制度层面出台有关可操作的政策举措，才能确保试点工作可持续性开展。再就是关于本科层次职业教育“双师型”师资队伍建设的问题，虽然教育部已经出台了《本科层次职业教育专业建设管理办法（试行）》和《职业教育“双师型”教师基本标准（试行）》等文件，但对于试点院校而言，在具体操作上缺乏相关配套政策，因而各试点院校“双师型”教师的培养和认定工作尚不明晰。此外，试点院校也存在经费不足的现象，由于试点院校大多属于民办性质，虽然国家颁布了《中华人民共和国民办教育促进法》等相关条例，但是现有政策落实难度大，相关配套政策缺乏，在生源、师资和资金上与公办学校相比处于不利地位，影响着试点院校的办学和人才培养。试点院校中西安汽车职业大学、山东外国语职业技术大学等院校明确提出建议政府给予民办本科职业院校政策支持，在引进高层次人才、招生计划、项目申报、专业设置、师资队伍建设、科技研发、校企合作等方面给予倾斜扶持，促进民办职业本科院校发展。

二是相关政策的缺位，对本科层次职业教育人才培养方案的制订缺乏顶层制度引领。首先是尚无确切的政策和文件对本科层次职业教育人才培养定位进行官方说明，尤其是对“高层次”的界定较为模糊，使得各试点院校在本科层次职业教育人才培养目标的确定上没有较为统一的说法，甚至难以体现出和专科层次职业教育人才培养目标的区别所在。某高校教师表示，学校为规范人才培养方案的制订工作，有根据《国家职业教育改革实施方案》《关于职业院校专业人才培养

方案制订与实施工作的指导意见》和《本科层次职业教育专业设置管理办法（试行）》等文件精神，并结合学校办学定位制订了《学校人才培养方案制订和实施意见》，目前学校对人才培养目标的认定较为统一的是培养高层次技术技能型人才，但是在实施过程中由于主客观的原因也存在一些问题，比如说对“高层次”的理解和把握不清晰，因而存在人才培养定位还不够清晰的问题。其次是国家尚未出台本科层次职业教育专业教学标准，专业教学标准是人才培养方案的制订的关键文件和依据，而目前只有专科层次职业教育专业教学标准，对本科层次职业教育“培养什么样的人”和“怎样培养人”没有较为明确统一的参考，制约着人才培养目标与规格、课程与教学安排、实施保障等内容的安排。作为人才培养方案的上位文件，本科层次职业教育专业教学标准是人才培养方案指导的基本内容依据，其目前尚在建设当中，因而试点高校缺乏国家专业教学标准宏观政策的统一指导，大部分试点院校在相关部门的组织指导下编写了职业本科专业教学标准和课程教学大纲，作为人才培养的指导性文件。由此可知，国家和地方政府需要加大力度落实已有政策，并研制和颁发相关政策指导本科层次职业教育试点工作。

（二）社会层面：企业动力不足，制约人才培养方案的制订与实施

校企双元育人是社会参与职业教育办学的主要途径，在社会层面上，企业是参与本科层次职业教育办学的重要主体，但目前企业参与本科层次职业教育人才培养的积极性不高。一是关于本科层次职业教育校企合作、产教融合的保障机制不全。在校企合作保障机制的构建上，关于本科层次职业教育校企合作、产教融合的具体政策文件也尚未出台，影响着本科层次职业教育人才培养方案的实施和受教育者实践能力的培养质量。成都艺术职业大学指出，在本科层次职业教育人才培养工作中实践教学体系建设有待进一步完善，其中主要原因是有的专业缺少高水平的实习实训基地，存在重实习基地建设数量、轻实习基地建设质量现象以及企业行业参与协同实践育人的机制不够健全等问题。二是企业对参与本科层次职业教育办学和人才培养态度不明朗。大多试点院校都认为目前企业对于本科层次职业教育尚处于观望状态，由于目前我国本科层次职业教育办学尚处于起步阶段，大多企业参与本科层次职业教育人才培养存在动力不足的现象。企业的本质是为了赢利，企业进入职业教育市场后，将受到更严格的“市场规则”约束，其提供的职业教育服务将受到消费者更严格的选择。因此，在进入职业教育市场之前，企业持观望态度，并分析和权衡职业教育市场与商品市场的区别，再决定是否参与其中。

（三）学校层面：办学尚处试点阶段，制约人才培养方案的适切性

本科层次职业教育试点院校自身的原因也制约着人才培养方案的适切性。一是国内无经验可鉴、无先例可循、无路径可依，处于摸着石头过河的阶段。试点院校是本科层次职业教育办学的试验点，但是人才培养模式的形成并非一蹴而就的事情，摸清本科层次职业教育人才培养规律尚需要时间和经验的积累。目前，本科层次职业教育试点高校在人才培养方案的制订上存在参考其他院校的现象，尚且本科层次职业试点办学的第一届学生没有毕业，因而人才培养质量反馈体系多源于学校自身的诊断和企业的反馈。广西城市职业大学、山东工程职业技术大学指出，职业本科教育各项政策文件依据较少、各类标准仍处于建设或探索当中，在探索职业本科教育改革过程中受很多政策未定的原因，发展方向仍不够明确，我们需要创新发展思路，不能简单套用普通本科、应用型本科发展的路子积极探索职业本科教育发展的新路径。因而，本科层次职业教育人才培养方案尚处于完善之中，其适切性的提升尚需要一定时间经验的积累。二是试点院校民办性质的学校偏多，筑巢引凤能力不强，影响人才培养方案的实施。通过对试点院校办学性质的分析，除却南京工业职业技术大学为公办性质学校，其余皆为民办性质学校，在吸引优质生源和引进高层次技术人才上吸引力不足，教师的稳定性差，制约着人才培养方案的实施效果。江西软件职业技术大学、上海中侨职业技术大学指出，由于民办高校的吸引力和平台影响力有限，民办高校教师在编制、工龄计算、科研课题申报立项及经费下拨等方面，与公办高校教师存在很大差别，因而高层次人才引进较为困难，在一定程度上影响着民办学校教师队伍的稳定性。三是人才培养方案制订中缺乏对学生的调研，且企业参与力度不强，导致人才培养方案的制订和实施出现不适切现象。通过对教师和学生的调研，发现学生在人才培养方案的制订和实施上主体地位发挥不明显，甚至存在缺位现象，在人才培养方案的实施过程中忽视受教育者自身对教育教教学的评价。

同时，企业参与人才培养方案的制订和实施较为表面，尤其是在承担课程教

学、“双师型”教师培训、实训基地建设以及教材编写上，存在参与度不足的现象，这些都制约着人才培养方案的适切性。

第二节　本科层次职业教育人才培养方案优化策略

本科层次职业教育人才培养的关键在于人才培养方案制订与实施。针对当前本科层次职业教育人才培养方案“不适切”的表现及成因，笔者主要从国家、社会和学校三个层面探讨本科层次职业教育人才培养方案优化策略，以期能对增强本科层次职业教育人才培养方案的适切性有所裨益。

一、国家层面：加强顶层设计，提供政策引领

（一）落实已有政策，促进人才培养方案制订实施规范化

为规范本科层次职业教育发展，为本科层次职业教育人才培养工作提供政策引领，国家出台了相关政策，如《本科层次职业教育专业设置管理办法（试行）》《本科层次职业教育学校设置标准（试行）》《职业教育专业简介（新版）》等。这都为制订本科层次职业教育人才培养方案提供了自上而下的宏观指导，但针对试点实践过程中政策落实不到位、相关配套政策特别是涉及多部门协调配合等方面的制度不足的现象，国家和地方政府应加快研发和出台更加确切和操作性强的政策制度，为本科层次职业教育办学提供政策保障和经费保障，为完善本科层次职业教育人才培养方案提供顶层设计。

（二）出台相关政策，引领人才培养方案制订实施科学化

针对目前本科层次职业教育政策未定的现状，国家要尽快出台相关政策，引领人才培养方案制订和实施的科学化。一是通过深入调研论证，明确本科层次职业教育人才培养定位，从宏观角度把握本科层次职业教育人才培养目标与规格，体现出与普通本科教育和高职专科的区别，更加科学地指导本科层次职业教育人才培养方案的制订与实施。二是深入调研本科层次职业教育各个专业的人才培养目标和规格、职业面向、核心课程体系等内容，加快出台本科层次职业教育专业

教学标准、人才培养标准等系列指导性文件，即建立本科层次职业教育国家专业教学标准体系，这是各院校制订本科层次职业教育人才培养方案的基本内容依据。目前对于职业教育整体而言，已经形成了较为规范的国家专业教学标准体系，但是职业本科教育设置标准和专业教学标准等其他标准还需要深入研制、逐步出台。三是颁布本科层次职业教育教师队伍建设相关政策文件。国家和地方政府应积极出台相关政策措施保证本科层次职业教育的师资队伍建设质量，尤其是针对民办高校引进高层次人才吸力不足的现象要加以重视，在政策实施上加以支持和倾斜，以规范本科层次职业教育教师队伍建设，引领教师素质高质量发展，为保证人才培养方案实施和确保人才培养质量提供人力资本支撑。

二、社会层面：以地方政府为主导，加强校企合作

（一）地方政府要加强体制机制建设，为校企合作提供政策保障

针对企业动力不足而导致的企业参与本科层次职业教育办学和人才培养不够深入的问题，首先要从政策上加以引领，提升企业动力。为促进职业教育校企合作，政府颁布了《职业学校校企合作促进办法》，新修订的《职业教育法》也明确表示积极参与职业教育办学的企业可享受一定的税收优惠等相关政策。但是在具体实践中缺乏操作性的文件指导，校企合作深入落实并不容易，意味着国家和地方政府应出台相关政策或细则。虽然从法律上进行了规定，但在现实中怎样解决“产教融而不合、校企合作不深不实”问题，政府如何让利企业，使企业真正尝到职业教育的甜头，从中受益，还需要国务院、地方政府出台一系列推动产教融合、校企合作的好政策。总的来说，在校企合作中，地方政府应加强监管，督促落实相关政策，积极保护参与本科层次职业教育办学企业的权益，以提高企业的动力。

（二）以校企合作为抓手，引领企业参与人才培养方案制订实施

校企合作、产教融合是职业教育的基本办学模式，针对企业参与校企合作态度不明朗、内容不深入的问题，相关企业要积极承担起相应的教育教学任务，多渠道、多形式参与本科层次职业教育的人才培养活动，尤其是对于人才培养方案的制订和实施，要与学校共同制订人才培养方案，对人才培养方案的实施过程进

行监控，以保证人才培养质量与社会企业行业人才需求标准的适配性。在人才培养方案的整体设计上，企业要配合本科层次职业教育院校做好前期调研工作，确保学校掌握真实全面的资料，让学校了解企业行业对人才规格的真实需求；企业要基于共商共建共享的原则参与学校校内校外实训基地的建设，为人才培养方案的实施提供资源支撑保障；在实践教学上，企业兼职教师在课程教学和学生顶岗实习等相关教学活动中，应保证与学校人才培养目标的一致性，共同促进落实人才培养目标与规格的实现。同时，与学校共同监控人才培养方案的实施效果和质量，提供真实而有效的反馈意见，助力人才培养方案适切性的提升。总之，企业参与校企合作不能停留于表面，而是在人才培养活动中的措施要真正落到实处。

三、学校层面：重视多元主体，优化人才培养方案

依据高等教育内外部关系规律理论，高等教育发展的一条重要规律是要求高校与社会各个因素互动，既要培养高质量的人才服务于社会，也要受社会各个因素的影响与制约。本科层次职业教育隶属于职业教育类型，更要处理好与社会的关系。因而在人才培养方案的制订实施工作中，本科层次职业教育要协调好学校自身与企业、学生的关系，全方位提升人才培养方案的适切性程度。

（一）重视多元主体参与，提升人才培养方案科学性

本科层次职业教育院校人才培养方案适切性的提升首先要考虑多元主体的参与，具体而言即在制订人才培养方案的过程中要充分考虑企业行业专家的意见，也要充分尊重学生主体地位。

1. 重视企业主体地位，提升企业参与度

校企合作和产教融合是职业教育的基本办学模式，要求职业本科院校要重视企业主体地位，着实提高企业参与度。针对职业教育办学中“学校热，企业冷”和校企合作流于形式、产教融合程度不深的现象而言，如何落实校企合作、产教融合的办学模式是本科层次职业教育院校必须要面对和思考的问题。一是要提升企业参与本科层次职业教育办学的“热度”。学校在校企合作、产教融合中，要加深与企业在专业前沿知识、技术成果转化等形式上的深度融合，积极为企业提供科学研究和技术研发场所，同时为企业输入人力资本，提高科研成果和技术知

识的转化率，切实为企业带来实际性的效益，以提升企业参与校企合作、产教融合的“热度”，从而增强企业参与职业教育办学的动力。二是要提升企业参与本科层次职业教育办学的“广度”。重视发挥校企合作、产教融合办学模式效益的最大化，让企业参与本科层次职业教育人才培养的全过程；校企合作、产教融合要做到学院与企业用人单位“零”距离对接，用人单位应参与专业建设和调整，深入人才培养方案的制订和参与人才培养的全过程，如重视课程与教材建设、实习实训基地建设和师资队伍建设。三是要提升企业参与本科层次职业教育办学的“深度”。学校专业人才培养要与企业深度合作，而非使其流于形式。尤其是在本科层次职业教育人才培养方案的制订和实施上，在制订前学校要充分调研企业的需求，邀请行业企业专家对人才培养方案进行多方论证；在实施上邀请企业共同监控人才培养方案的实施效果和人才培养质量，重视企业在课程实施、实践教学、教材编写、师资队伍建设和实训基地建设等各方面的深度融合，以保证人才培养方案的顺利实施。同时，及时向用人单位了解毕业生的工作情况，根据用人单位的反馈意见及时调整和更新人才培养方案。

2. 尊重学生主体地位，切实听取学生意见

人才培养方案作为培养人的指导性文件，其本质应是培养人、促进人发展的方案。但是本科层次职业教育人才培养方案在制订中多考虑国家、区域和市场等方面的要求，对学生关注明显不够，而人才培养方案的适切性与否和衡量人才培养的质量高低最终要落实到学生的发展中。针对此问题，本科层次职业教育人才培养方案的制订者应充分考虑学生主体的发展需求，依据“学生中心、成果导向、持续改进”的专业认证理念完善人才培养方案，使得人才培养方案适切于受教育者的发展。一是在制订前要切实做到以学生为中心，充分调研学生的需求。学校要尊重受教育者的身心发展需要和考虑受教育者就业需求，合理确定人才培养目标与规格。二是坚持成果导向，科学构建人才培养目标与规格，建立在校学生反馈机制。据了解，只有部分院校在学生入学前开设了有关人才培养方案基本情况的相关讲座，大多学生对其专业人才培养方案并不熟悉。因而，学校或基层教学组织单位应向学生介绍人才培养方案的基本情况和实施要求，紧扣人才培养目标与规格展开各个教学环节，使得毕业生质量适切于社会发展需要。三是建立毕业

生反馈机制，推进人才培养方案的持续改进工作。随着2019年本科层次职业教育试点工作的开展，第一批毕业生即将毕业，那么对毕业生的跟踪回访和调研是提升本科层次职业教育人才培养方案适切性的关键，因而有必要建立毕业生反馈机制，掌握毕业生人才培养目标和规格的达成度以及适岗能力，将毕业生反馈信息作为调整、变更人才培养方案的依据之一。

（二）依据国家与社会需求，确定人才培养目标与规格

依据伯顿·克拉克的三角协调模式，政府、大学和社会三者之间处于三足鼎立的状态，三者之间既相互排斥又相互吸引，大学发展离不开政府和市场的牵引，对本科层次职业教育来说，其人才培养方案的制订和实施要考虑国家和社会发展需求，而人才培养目标、规格作为人才培养方案的核心，其与国家和社会需求的适切性集中体现着人才培养方案的适切性。因而，人才培养目标、规格有必要与政府、市场相适切，具体而言即人才培养目标、规格要与国家和社会对人才的需求相协调。

1. 人才培养目标要与国家、社会需求相吻合

教育活动归根结底是在尊重受教育者身心发展需求的基础上为社会培养人才，人才培养目标不仅蕴含着受教育者在接受一定时期教育后其知识、能力等各方面发展的期望，也是国家和社会对特定人才需求的反映。针对本科层次职业教育人才培养目标定位不清晰、指标体系不全等问题，本科层次职业教育人才培养目标的确立应该与国家、社会需求相适切。

一是人才培养目标定位要准确，符合国家和社会的需求。本科层次职业教育人才培养目标的确定应依据国家政策要求，充分深入企业行业进行调研，把握“高层次技术技能型人才”的培养定位和“高层次”的内涵，凸显与高职专科人才培养目标的区别，并抓住职业特色，重视技术技能的实践和应用，凸显与普通本科教育人才培养目标的区别。在人才培养面向定位上，学校应面向国家先进制造业、中高端产业行业和地方区域经济发展需求培养人才，以体现人才培养的行业特色和区域特色。二是人才培养目标指标体系要全面。依据马克思主义关于人的全面发展理论和我国教育目的，培养德智体美劳全面发展的人是对培养目标的基本诉求，这是制订本科层次职教育人才培养目标的基本遵循。在工业4.0时代和我国

经济高质量发展的背景下，人的发展不仅是专业能力的发展，也要重视受教育者信息技术能力、终身教育能力和可持续发展能力等一般能力的培养。三是人才培养目标要具有前瞻性。《中国制造 2025》《关于加强新时代高技能人才队伍建设的意见》和国家人社部对技能人才供给现状统计显示，目前我国高层次技能技术人才尚紧缺，而我国未来一段时间内先进制造业的发展等领域迫切需要高层次技术技能型人才的支撑，以为实现国家重大发展战略、增强国家核心竞争和科技创新提供人力资本支撑。因而，本科层次职业教育人才培养目标要有前瞻性，发挥教育优先发展战略，面向未来培养人才高层次技术技能型人才。

职业本科教育的人才目标应是：培养能自觉践行社会主义核心价值观，适应社会主义现代化建设需要，德智体美劳等方面全面发展的，具有较高职业道德和职业素养、掌握较强技术理论基础和实践技能的，能够在相应专业领域从事技术的应用、设计、管理及创新的高层次技术技能型人才。

2. 人才培养规格要与国家、社会需求相协调

人才培养规格作为培养目标的具体化，是课程体系对接人才培养目标的中间桥梁，集中体现了对受教育者知识、能力和素养应达成的要求，其确定同样要与国家和社会的需求相适切。要根据国家政策和相关文件如《职业教育专业简介》确定人才培养规格，同时要对相关企业行业进行深入调研和多次论证，确定和构建专业对应的职业面向和岗位（群）所需要的知识、能力、素养等要求，提升人才培养规格与国家社会需求的吻合程度，以培养高质量人才适切社会发展。

一是在知识要求上，注重知识要求的全面性。与专科层次职业教育相比，本科层次职业教育毕业生应掌握知识的量和度均有了更高的要求，需要掌握较为宽广的人文社科知识、专业理论知识以及相关跨学科知识，以应对工作中较为复杂的难题。同时根据岗位（群）细化知识要求，为课程体系的设置提供更明确的依据。二是在能力要求上，注重技术应用、实践和创新能力以及可持续发展能力的培养。创新是人才培养能力要求的重要指标，创新驱动发展战略的实施离不开创新型人才的支撑，因而要重视创新能力的培养，促进受教育者创新能力提升。三是素养要求上，坚持培养德技并修的高层次技术技能型人才的基本定位。要坚持立德树人的根本任务和社会主义核心价值观，培养德智体美劳全面发展的高层次技术技

能型人才；要根据专业特色确定学生应具备的专业素养要求，面向未来岗位职业（群）塑造学生职业精神和培养学生的职业素养。四是重视“1+X”证书制度的融入，重视职业技能的培养，凸显职业教育特色。《国家职业教育实施改革方案》明确提出要将“1+X”证书制度融入人才培养方案之中，可依据职业（群）、岗位（群）要求将相关技能证书要求纳入人才培养规格之中，落实“书证融通”制度，以提升技能人才培养的质量。

总之，作为以培养高层次技术技能型人才为主要目标的职业教育，要进一步促进人才培养规格升级与实现，以效应对工作世界变化对人才需求的新变化，培养一批能够掌握扎实理论功底、具备跨岗位能力并具有较好专业实践能力的复合型技术技能人才。

（三）对接人才培养目标与规格，优化调整课程体系

课程体系是实现人才培养目标与规格的内容载体，课程体系要依据培养目标和规格而构建，培养目标和规格的实现离不开课程体系的支撑。因而，聚焦人才培养目标和职业能力发展需求优化调整课程体系，以提升本科层次职业教育人才培养方案的适切性。

1. 改革课程设置方式，优化调整课程结构

本科层次职业教育作为职业教育的组成部分，其课程设置方式和课程结构要凸显职业属性，以培养高层次技术技能型人才为目标。一是课程设置方式要坚持能力本位的原则，凸显职业教育特色。在课程设置的方式上要打破传统学科知识中心“三段式”的课程设置方式，以能力本位、职业导向为原则整体设置课程结构，以“技术”应用为主线贯穿课程体系的构建。每个专业应明确其人才培养目标，然后根据职业标准和岗位需求编列技术清单，再根据清单反向设计与技术相关联的理论课程以及和技术相关联的实践课程。本科层次职业教育课程设置应从高层次技术技能型人才目标出发，基于岗位（群）、职业（群）应掌握的知识和技能设置相应的课程，确保职业性技术技能人才培养质量与社会需求的适切性。

二是构建“平台＋模块”化的课程结构，以促进学生能力递进培养，落实人才培养要求。本科层次职业教育课程结构的整体设置要以培养目标和规格为出发点和落脚点，遵循学生能力递进形成的规律，采取“平台＋模块”的课程结构模式，

体现课程体系的层次性，循序渐进培养综合能力强的职业技术技能人才。其中“平台”课程主要为基础课程，指向学生基础知识、能力的培养，“模块”课程主要为核心课程，指向受教育者专业核心知识和能力的形成。在“平台”模块课程的建设上，要重视设置以培养学生扎实知识基础和终身学习等能力的课程，在“模块”课程的设置上要注重各门核心课程的层次性建设，避免课程内容的重复性出现。

2. 科学设置课程体系与培养规格支撑矩阵图

课程体系与培养规格支撑矩阵图最直观地反映了课程体系对各培养规格指标点的支撑关系，也反映了课程体系对培养目标的支撑度，因而本科层次职业教育人才培养方案的制订和实施有必要科学设置课程体系与培养规格支撑矩阵图。一是要重视课程体系与培养规格支撑矩阵图的构建，既要重视各类课程对培养规格支撑关系图的构建，也要重视每门课程对人才培养规格的支撑关系图的构建，而非仅仅体现核心课程体系对培养目标和规格支撑矩阵图的构建。二是为确保课程体系与培养规格支撑矩阵图的科学性和合理性，各基层教学组织应召开专题论证会，从培养目标及培养规格指标点出发，确定支撑每一块培养规格的课程结构，强化课程体系与培养目标和规格的符合度，并在课程教学中将其落实到位。三是加强课程之间的关联度，发挥课程合力育人效果，支撑人才培养目标与规格的实现。针对不同课程模块之间各自为政的现象，要加强课程间的关联程度，发挥“1+1大于2”的效果。改变公共基础课程仅支撑通识知识、通用能力、一般素养和专业课程仅支撑专业知识、专业能力和专业素养的现象，重视公共基础课对职业素养的支撑度，同时注重专业课程对可持续发展能力、终身学习能力的支撑度，培养学生的终身学习能力，从整体上加强公共课程和专业课程之间的联系，促进课程体系育人功能的最大化发挥。

3. 遵循课程实施原则，加强理论与实践结合

在课程实施上，要以培养受教育者技术应用和创新能力为主，采用理实一体化的课程实施方式，促进受教育者培养目标与规格的达成度。一是课程实施秉持以能力为本位、就业为导向的原则。打破传统的以知识为中心的课程实施原则，采取以就业能力为导向的课程实施原则，使得课程内容与职业标准相结合，课程实施与职业技能培养相对应，增加毕业生整体规格素质与工作岗位能力需求的黏

合性。二是落实理实一体化的课程实施方式，促进学生知识与技能、理论与实践的并行发展。在课程实施方式上要采用理论与实践相结合的方式，打破先理论后实践、理论与实践相脱离的现象，让专业实训课、实践技能课贯穿于学习者的整个学习过程，达到理论和实践的良性互动，在实践中深化和转化理论知识，培养受教育者实践能力和问题解决能力的提升。

（四）合理分配教学学时，改革优化实践教学体系

本科层次职业教育人才培养方案设计要重视实践教学体系的构建与实施，整体提高受教育者的职业技能与素养，促进人才培养质量对接市场企业行业需要。

1. 合理分配教学学时，整体构建实践教学体系

依据国家政策和专业人才培养的需要，合理分配教学学时安排中的理论学时和实践学时，优化实践教学体系，促进学生职业实践能力发展。一是要合理分配教学学时，提高实践教学学时占比。各专业在制订人才培养方案时，要依据《本科层次职业教育专业设置办法（试行）》确保各个专业实践教学学时占比总学时一半以上，但也要切实提高实践教学学时占比的科学性，指向受教育者综合实践能力和职业素养的提升，而非机械增加实践教学学时占比。二是依据专业培养规格和实践能力形成规律合理构建实践教学体系，增强实践教学体系的层次性和系统性。首先，在构建依据上，对接专业领域职业岗位（群），按照专业培养规格的专业知识、能力和职业素养要求，作为实践教学体系构建的依据。同时，依据专业能力目标确定实践教学内容，增强实践教学的目的性和内容选择的系统性。其次是依据实践能力形成规律整体构建实践教学体系。培养职业性技术技能人才是本科层次职业教育人才培养的特色，而技术技能的培养是一个渐进的过程，要求实践教学体系的构建要注重其层次性和系统性。在实践教学体系的构建上，依据能力递进培养模式，整体设计实践教学体系，形成专业课程实训、综合实训、企业顶岗实习构成的实践体系，遵循受教育者技能形成由简单向复杂的形成规律，逐渐综合呈更大的实践单位，提高自身解决复杂和综合问题的能力。

2. 优化实践教学形式和载体，保证实践教学质量

本科层次职业要教育丰富实践教学形式和改革实践教学载体，切实提高实践教学质量。在实践教学形式上，突破传统的实践教学形式，重视采用和实施以项

目实训、仿真实训、综合实训等集中实践教学形式，保证实践教学的真实性和综合性。在现有实践环节的基础上，进一步丰富实训形式，整合课程实验、课后实训、企业实习、社会实践等形式，建立综合性实践环节，并将其融入人才培养全过程，促进学生实践能力和应用能力的发展。在实践教学实施的载体上，改变现有实践教学实施多依附于单门课程的“碎片化堆砌”现象，重视综合性实践教学环节的建立，以培养学生独立发现和解决复杂问题的能力。

3. 完善实践教学评价体系，提升学生实践能力

实践教学评价体系是甄别判断学生实践能力水平的重要手段，要制订和完善实践教学评价体系，以评促改提升本科层次职业教育受教育者的实践能力。在学生顶岗实习评价中重视企业评价地位，企业应根据学习目标和实训内容，建立与实训评价体系挂钩的制度，对实训效果进行全程监控，着力保证实践教学质量。在教学评价的主体上，注重校内评价和校外评价相结合，重视合作企业及企业指导老师的意见，深入了解和把握学生的实践情况，切实对学生的实践过程进行监督和管理。在实践教学评价指标体系上，以促进学生发展为导向，全面促进学生专业技能、职业素养等能力的培养。

（五）对标政策与人才培养要求，加强师资队伍建设

职业教育的高质量发展和高层次技术技能型人才的培养，离不开高质量师资队伍的支撑，本科层次职业教育承担着培养高层次技术技能型人才的任务，就必须打造一支知识、能力和素养过硬的师资队伍。一是优化师资队伍结构。在学历结构上，针对目前博士研究生和专业带头人等高层次技术技能型人才的紧缺，加大博士、教授等具有高学历、高职称的行业专业领军人才的引进力度，达到“博士学位专任教师比例不低于15%”的政策要求。同时建立合理的人才引进和教师考核激励机制，制订相关激励政策或计划鼓励现有教师提升学历，以满足职业本科人才培养和教育教学的需要。在年龄结构上，优化教师年龄结构，发挥老教师和骨干教师对青年教师的带动作用，提升青年教师的专业知识、专业能力和专业素养。二是提升教师的教育教学能力和科研水平。本科层次职业教育对受教育者综合素养的要求相对于专科层次而言更高，这对本科职业教育教师的教学、科研等能力也提出了更高的要求。高校要鼓励青年教师进入企业一线参加实地锻炼，

提高青年教师的实践教学能力；对企业兼职教师展开教育教学能力培训，提高兼职教师的教学技能，同时建立教师培训平台，完善教师职称评审制度，加大教学和科研在职称评审中的比重，激励教师提高教学能力和科研能力，促进“教研相长”，更好地保证人才培养的质量。三是加强“双师型”师资队伍的建设。要培养高层次技术技能型人才，必须配备一批既懂专业理论知识和教学技能，又具有较强的实践能力和能够解决企业实际应用性问题的“双师型”教师队伍。要求本科层次职业教育院校要对接国家颁布的相关政策加大“双师型”教师队伍的建设力度，满足“双师型”教师占比 50% 以上的教师配备要求，并依据国家颁布的《职业教育“双师型”教师基本标准（试行）》落实“双师型”教师的认定，依托校企合作等平台展开“双师型”教师培训，为培养高层次技术技能型人才提供支撑。

（六）加强校企合作，提高教材和实训基地建设质量

提高重视教材和实训基地建设质量是保证人才培养方案有效执行的重要资源平台，也是提升教育教学质量的关键。

1. 加强教材建设管理，凸显职业教育特色

教材是进行教育教学的文本材料，教材的质量、内容和形式与人才培养质量息息相关，职业本科学校要重视教材的建设管理，凸显职业教育的属性特色。一是严格把控教材的选用，注重选择高质量的教材，凸显职业特色。教材的选择要把好教材“准入关”，重点选择国家规划教材，保证教材的质量；在教材的使用上，遵循职业教育人才培养规律和受教育者身心发展特点，基于课程和教学目标使用教材，促进学生知识与技能并行发展，最大化发挥教材支撑学生培养要求实现的程度。二是依据专业人才培养目标，结合专业知识、实践能力、职业技能和职业素养要求，校企协作共同编写教材。院校的专家学者应与企业相关人员成立一个统一的实训教材编写委员会，在坚持必须、够用的基础上，拨付必要款项、制订相应措施鼓励院校教师、企业专家主写、主编、参写、参编实训教材，以促进应用型人才的培养。三是重视专业活页式教材和工作手册式教材的编写和使用。灵活性和实用性是活页式教材和工作手册式教材的基本特点，符合职业教育培养技术技能型人才的需求。活页式教材能及时地将行业专业的新技术、新工艺和新规范等内容纳入教材之中，更好地体现了教材的前瞻性，使得人才培养的素质符合

社会的需求；工作手册式教材与企业的真实生产过程相对接，其实用性有利于提升受教育者的综合素质，助力实现毕业生与就业适岗“零距离”。

2. 以校企合作为依托，重视实训基地建设

实训基地是培养学生实践能力和职业技能的重要场所，本科层次职业教育要以校企合作为依托，保证实训基地的建设和质量。一是保障实训基地建设的质量。在校内实训基地的建设上，以产教融合和校企合作为抓手，切实提高校内实训基地的“真实性”，使校内实训基地贴近真实工作环境，为实训课程教学目标的实现提供条件支撑；在校外实训基地的建设上，改变“重挂牌、轻使用”的现象，促进实训教学过程与生产过程的无缝对接，切实提高学生的职业实践能力。二是校企共建共享实训基地。在实训基地的建设和管理上，吸引企业以共商共建共享的方式共同参与实训基地的建设，构建“校企合作命运同体”。学校派遣学生参与企业的实习，而企业为实训基地的建设提供一定的人力物力支持；在学校实训基地建设引入前沿技术、主流仪器设备和实训平台的同时，企业也应安排企业技术工程师担任实训指导教师，更好地落实“双元”育人模式。三是加大经费投入，保障实训基地的使用和实训课程的顺利开展。本科层次职业教育院校要保障实训课程开出的经费，解决实训教师的职称待遇问题和提高实训教师的薪酬待遇，促进实训课程的顺利实施。

（七）优化质量保障体系，完善培养方案管理制度

质量保障体系是学校办学质量的保障制度，也是人才培养方案运行实施效果的重要支撑体制，本科层次职业教育人才培养方案要重视质量保障体系的构建，监控人才培养目标的达成度。一是以人才培养目标和规格为导向，促进教学评价体系的改革。在评价指标体系上，以促进人的全面发展为理念，针对培养目标和培养规格细化专业知识、能力和素养要求，尤其要重视职业素养和创新精神考核评价。在评价主体上，注重教学评价主体的多元化，本科层次职业教育强调培养高层次技术技能型人才，在产教融合背景下，政府、行业、企业和学校是本科层次职业教育人才培养的直接参与者，因此在评价时要由学校、行业和社会机构共同组成评估委员会，评估标准要与职业需求相适应，以提高毕业生的职业适应能力。在评价方式上，将过程评价与结果评价结合起来，提高过程评价在课程评价

中的比重。二是建立相关部门，完善校内教学质量监控体系。提高教学管理人员的责任意识和管理能力，对教学质量进行全程性监控和管理，保证人才培养的质量，同时建立和完善人才培养方案管理制度，对人才培养方案实施从前期制定、中期执行到后期效果验收的全程监控与管理，动态提升人才培养方案的适切性。三是建立毕业生反馈机制和持续改进机制。关注毕业生培养目标达成度和毕业生质量规格水平，及时向市场企业和用人单位调研人才培养质量满意度，根据反馈信息调整和更新人才培养方案，促进人才培养方案适切性的持续改进。

第八章　网络时代职业本科高校教学方法创新

21 世纪以来，互联网以其迅猛发展之势引起了全球瞩目，集传统媒体优势于一身，被赋予继报纸、广播、电视三大传统媒体之后的“第四媒体”。以互联网为代表的信息技术革命极大地改变了世界面貌，在高等教育领域更是掀起了革命性浪潮。全球范围内掀起了利用互联网创造教育环境，培养全体国民运用网络学习的观念和素质。网络时代教师进行教学方法创新的根本在于构建网络时代与实施方法之间的联系，实现二者的互融共振，以保证高校教学在网络时代健康发展。

第一节　网络时代职业本科高校教学方法创新的前提

网络时代，技术的普及、科技的发展应用于高等教育领域，给高等教育领域带来了颠覆性变革，同时也为教学方法的创新提供了前提。拓宽知识的获取途径，使学生获取知识不再依赖于传统的书本和教科书，重构教与学模式即改变了教师教的方式和学生学的方式、突破传统教学组织形式，课堂打破时空界限，重塑教师角色，教师将转变角色为帮助者和引导者，这些都为新时代教学方法的创新提供了可能。

一、拓宽知识信息的获取途径

得益于网络信息技术的发展，借助数字化加工平台，知识的流动速度加快，其呈现从单一的栖居纸本转向丰富的悠游网络。“知识信息是高等教育孕育发展的必要条件。”“高等教育作为研究高深学问的场所，需要源源不断的获取知识信息以满足对广博性与高深性学问的追求，这使高等教育在追求广博高深学问的过程中对知识获取加深了依赖。”印刷术发明以前，知识信息的获取与传播途径不得不受到帛书、册简等的限制。而后造纸和印刷术的发明，使学生独居一室而手持一卷即能受益于博学名师，然而，作为获取知识信息的单一方式，纸质书籍不能对知识信息进行动态的分解、再现和模拟。网络时代，“催生了知识信息的爆炸式增长的同时使知识信息的获取将不受时间、空间和距离的限制，先进的机器智能设备链接了虚拟环境和物理环境中的各类知识信息”。智能技术可以使知识信息以动态、直观、可视化的方式呈现，使知识信息的获取表现出即时性、多样性和交互性，打破了以往教师和书本是作为知识唯一来源的权威，使信息的获取在网络下呈现出个别化、合作化，以及师生交往的平等化等特征，突破传统的教科书、板书的教学模式。充分利用各种先进智能化技术、数字化技术、自适应学习等在教学中的广泛运用，将给教学手段带来全新的变化，为教学方法的创新提供前提。

二、重构教与学模式

网络时代改变了教师的教与学，知识跨越了学校的围墙，教师的教突破学校的围墙，学生的学习不再是简单的重读教科书的内容，而是随时随地通过网络连接在智能学习终端等的协助下自如地切换任何学习内容，获得世界范围内的知识。网络时代，依托技术的发展，将改变传统的黑板加粉笔以知识传授为主的教学模式转向以智能设备为支撑的探索、协作等为主的崭新的教学方法，这种教学方法必然给师生带来全新的体验和进步。

“心理学家霍华德·加德纳称当代高校学生为 APP 一代，这一代的大学生是伴随智能、数字媒体成长起来，与数字共生的一代，更青睐于数字化、移动学习。”传统以知识传授为主，教师为教学的中心，学生被机械地接受的教学模式对教师的“教”和学生的“学”都在一定程度上有所限制，很难真正实现教师的因材施教与个性化学习。网络时代下的“教”与“学”不再局限于课堂，已经延伸至网络空间。课堂中教师使用智能设备，将现实教育与虚拟网络环境相融合，进行在线教学模式，使师生间的互动、交流与协作达到理想境界，比以往的交流更加流畅、互动更加深入，教学活动更加高效、包容和多元。同时，利用大数据挖掘、分析技术可以全程实时捕获和存储学生学习过程和学习进展的个人数据，利用数据分析技术将学生的历史数据和当前数据有效结合进行精确分析，通过可视化呈现学习反馈阶段教学成果，发现潜在问题。集教、学、测三个环节于一体，既可以提高教师“教”的效率，又可以巩固学生“学”的质量，为教学方法的创新提供了条件。

三、突破传统教学组织形式

网络时代，互联网的无边界性、科技的发展、前沿技术的应用，微视频、网络教学等多种形式突破时空的限制，学生获取知识的渠道和途径日渐便利和广泛，传统单一班级授课制中仅靠书本知识的教学组织形式将受到挑战，跨时空的网络为教学组织形式带来根本性突破，集学校教育、家庭教育和社会教育于一体的大教育组织形成。网络时代下各种云教育、游戏教学、数字课堂、数字课程等网络教育形式越来越丰富，教学突破了时空的限制，学校的围墙、单一的班级授课制的传统教学组织形式被打破。现代化、智能化、网络化的教学手段以及诸如虚拟现实技术等的介入使师生之间的互动更加随时、便利。传统单一的班级授课制向智能化网络空间拓展，学生的学习打破了传统大学的围墙，而是延展到世界范围内的大学，打破了传统一所学校、一间教室、一位教师、一群学生的传统教学组织常态，扩展到家庭、工厂、社区、候车室等领域。学生借助于网络平台可以选择他们自己的节奏、自己喜欢的方式和他们方便时间的学习，可以足不出户地获得常青藤学校名师的课程，可以在网上淘课等，学生的学习方式向网络个性化转向并悄然普及，在此基础上教学方法创新成为必然。

四、重塑教师角色

“教师现在是、将来也永远是教育不可或缺的重要要素。”这一点已被 50 多年教育改革与发展的实践证明，网络时代教师的角色也将随之发生巨变。

首先，网络时代，各种科技高速发展，大学作为新思想的源泉，是社会变革的核心，因此教师不仅要创造和传播知识，更需参与科学技术转化生产力的过程，如同当今世界众多“硅谷”正在进行的转化过程，高校教师成为高新技术产业的催生者。教师将由封闭校园中的求知、传道者，转变为“变化的诱导者”。其次，知识更新速度加快，其获取方式只垂顾于那些信息素养强的人，与此同时，高校学生成分的变化和主观意识的觉醒，如果教师不及时提高信息素养和知识技能将面临被淘汰的命运,教师由讲授者变为具备“教育者与学习者的双重身份”。最后，教师将从被隐喻为讲坛的圣者，转变为学生的顾问和向导其辅导和导向作用。网络时代背景下，互联网 + 教育的盛行，教师将不同于百科全书或数据库供学生使用。他的更多身份将是引而不发，指点门径，唤起学生的自主性、积极性与学习热情。教师角色和职能的转变，启发学生进行自主学习、合作学习以及探究学习等，教师将突破传统教学方法而采用适合时代发展的创新的教学方法。

第二节　网络时代职业本科高校教学方法创新的方向

基于网络时代对高校教学方法创新的基础与前提，以及对高校教学方法现状的分析，为教学方法的创新提供明确的方向指导。

一、更新教育观念，树立创新思维

教学观念对教学方法的选择和运用具有导向作用，不同教学中采用的教学方法都在自觉或不自觉的渗透着一定的教学观念，教学方法的创新需要以教学观念的创新为指导。在不同的教学观念指导下，教学方法所发挥的功能和效率不同，产生的教学效果也不同。传统教学观念中，教师传道授业解惑观念的支配下，采用的教学方法往往是以教为主，忽视了学生的学。虽然现今，很少有人从表面上坚持这种思维，但它已经成为一种历史形式，其内在的逻辑形式出现在人们的脑海中。而当今处于现代化的网络时代，科技的发展，促使社会生产方式发生变革，也促成教育领域思维的革新，生产方式的变革决定社会对人才需求的变化，决定了教育应该培养什么人，怎样培养。高校必须意识到社会所需的是培养高素质的专业人才和一流的创新人才，所以教师必须及时更新传统的教育观念，与时俱进，树立教学方法要随着时代和技术的发展创新创造现代化的教学方法的观念，学生必须积极主动地构建知识，全身心地投入学习和主动学习中，而不是只单向接受教师知识的传授。因此，要突破传统教学观念的阻碍，树立创新观念是目前高校教学方法创新的关键和突破口。教师应突破传统观念，树立培养符合时代需求，既具备知识又具备能力的综合发展的人的观念，注入时代的灵感和技术为教学方法注入新的活力采用启发式、发现式、自主探究式、合作式的教学方法进行教学，进行教学方法的创新。

二、利用前沿的技术，汇聚创新要素

教学方法的与时俱进离不开现代化技术的支持，网络时代，互联网的普及、科技的迅猛发展，不仅为人们的生活带来了诸多便利，同时也为教学方法的创新带来了新的突破，过去“一块黑板、一支粉笔”的教学时代已离我们远去。重视现代科学技术在高校教学中的强大作用，以及利用现代化教学技术促进教学方法的创新，也是各高校教学方法的改革与创新趋势之一。技术不断地更新换代，多媒体技术、信息技术的发展，为教学方法的创新提供了新的契机，而各高校普遍运用的传统多媒体设施日渐落后与之形成反差，已经不足以满足网络时代教学方法的使用。高校目前的硬件设施如，常见的就是电脑、多媒体以及型号落后的实验仪器已不具备网络时代下为满足学生个性化学习需求新型教学方式所需要的条件还不具备。高校教学方法的创新，教师需要引进前沿的技术，将支持教学方法创新的要素结合在一起融合与传统教学方法，进而实现优势互补，为高校教学方法的创新提供保障。如，为支持自主探究、合作学习等教学方法，充分利用以网络为依托的如人工智能技术、移动智能终端技术、学习分析技术、自适应技术等以创新教学方法。

三、运用先进的教学手段，整合创新资源

教学手段的创新是高校教学方法创新的动力之一。远程学习和多媒体教学等现代教学方法和手段使教学更加生动直观，高校教师也应善于运用现代有效的教学方法，创造性地运用先进的教学手段，达到教学目的。传统高校教学手段主要

使用粉笔、黑板、教材和一些简单的视觉教具，虽然其既简单易用又经济实用，具有传授教学信息的能力，但是在网络技术高速发达的新社会，高校为了自身的发展需要与时代的步伐相适应，学生要为适应新时代的社会而提高自身的能力等，这种单纯传递教学信息的功能所采用的教学方法也相对简单、机械，导致教学效果差，无法提高学生的能力。如果充分利用先进的教学手段，整合创新资源，将为实现教学方法的创新提供支持。如利用计算机和网络提供的教学环境，自适应学习系统、演示环境、辅助学习研究工具等手段表达教学内容，在一定程度上弥补传统教学方法的不足。因此，高校教学方法的创新，需要先进的教学手段整合与之相适应的教学资源建设以网络为基础的网络教室的建设、WIFI 全部覆盖教学区域以及智能分析系统、VR 虚拟现实技术教学设备、电子白板、多媒体一体机、录播系统等创新性资源，确保教育设备和资源分配的先进性以保证教师以传统教学手段为基础融入现代化教学手段共同实现优质资源的互补，共同推进教学方法的创新利用创新性资源，进行符合时代的与时俱进的教学方法。

四、提升教师的信息素养，具备创新素质

互联网时代的快速发展，无处不在的网络渗透到当今社会，知识和信息的爆炸式增长，学习型社会的到来，高校学生就业的不确定性等一系列问题充斥在教育领域。高校作为知识和人才的生产者、批发者和零售商，作为新思想的倡导者和推动者，有必要培养社会人才为高科技社会服务。高校教学不能用知识传授的数量来衡量，它不仅教会学生学会知识，更要教会学生如何运用网络和先进技术学习增加信息素养以适应时代和社会发展的需要。网络时代，知识更新速度加快，信息技术的发展。获取各种知识仅取决于拥有计算机设备，能够操作计算机和大学生的人。高校教师作为教育的第一线，思想、专业素养以及教学和研究活动的表现和价值直接关系到教学效果。如果不学习如何使用这些先进设备来提高技能，教师和学生的构成变化和主观意识的觉醒将面临被淘汰的命运。目前，由于教育观念受到发达资本主义思想的影响，教学内容受到利益多元化的影响，教学方法已被网络技术解构，导致教师形象不全，教学缺乏足够的说服力。信息瞬息变幻的网络时代，教师只有树立网络化教学意识，积极利用丰富的教学资源进行教学

改革，提升信息素养，才能适应社会的变化，才能以一个教育者的姿态来引导和帮助学生如何学习、如何适应社会。

第三节　网络时代职业本科高校教学方法创新的策略

探寻网络时代高校教学方法创新的理论基础与前提，厘清高校教学方法的现状，在此基础上挖掘高校教学方法创新的策略。以应对网络时代的环境变化，避免教学方法在外力的作用下被动改变，抓住网络时代的发展机遇，不仅要从战略的角度促进网络时代产生的教学方法的创新，而且要以积极开放的态度，融合互联网和技术、思维等方面创新教学方法。

一、创建基于微课的混合式教学

“网络时代，随着无线网络、视频压缩和传输技术的发展以及移动终端的日益普及，时间呈现碎片化，传统课堂的教学模式已经难以契合新时代背景下学生的学习需求‘微课’一词应运而生。”“微课作为微时代的教学产物，是多媒体家族的新成员，主要是指教师围绕知识点和难点进行讲解的具备声、色、茂并重形象生动而录制的简精短的授课视频，时常大约 5—15 分钟。”“微课的设计、开发与应用，对移动学习时代的学校教育具有极其重要价值。”

身处快节奏的网络时代，时间碎片化，信息传播进入微时代。在当今的大学校园我们经常会听到学生“忙”“没时间”等逃避学习的借口，课堂上普遍存在低头族、逃课族。高校教师应采用何种教学方法，利用分散、碎片化的时间以及玩手机的习惯来引导学生通过互联网学习呢，将微课引入课堂不失为一个好的办法，但如果仅仅将微课直接用于课堂教学，单一的短小视频无法满足师生间的互动，同时课堂时间难以协调和分配。因此，“微课”只能是课堂教学的补充，教师恰当引入微课作为课后辅导，而不是主流，形成一种“线上 + 线下”混合式教学的模式，即将微课与传统课堂有机地整合在一起，发挥更大的作用，以取得更好的教学效果即创设基于微课的混合式教学模式。

课前，教师可以根据教学目标将教学内容录制成微视频，视频内容适当配备精心设计的讨论、查询或研究的主题，图像生动、界面友好、制作精美、讲解清晰，在视频中间恰当的时间设置小问题，以便学生自测学习效果，通过网络平台发送给学生，供学生课前通过智能终端或手机等移动平台随时观看学习，将知识的传授碎片化成若干个知识点，使学生独立完成新知识的复习。课堂上，教师不必再做知识点的导入和预习，可以直接讲授教学内容，并且课上可以有充足的时间与学生互动交流，不需要为完成教学任务、教学内容而进行"满堂灌"，也可以适当倾听学生的看法与学生进行轻松的讨论，寓学于乐的教学理念也将展现出来。

基于微课的混合式教学模式其创新之处在于：其一，契合学生个性化的学习需求。"微课短小易懂，很适合现代大学生关注力时间短的特点，更有助于引导学生的自主学习。"微课是符合高校学生在课前自主学习的理想在线学习材料，也是大学课堂教学的最佳应用方式。由于其短、精的微视频更适合作为当前学生互联网移动环境中个性化学习的知识载体，所以它很容易通过网络平台发布，也容易契合新时代下学生的学习习惯和需求，无论是识别知识习惯和认知策略特别接近互联网时代大学生的心理。其二，弥补传统课堂的诸多不足。由于微课不是常规课堂的再现，时间精短、生动形象等特点，可将传统课堂中干扰学生注意力的因素排除掉，有助于巩固学过的知识，也有助于预习新知识。使学生感到厌倦之前已经完成了对知识点的解释。传统课堂中教科书、粉笔的教学内容转化为生动形象的视频，更有利于吸引学生的注意力。

二、搭建基于智慧课堂的自主探究式教学

"所谓智慧课堂是依据知识建构理论，基于动态学习、数据分析和云加端等应用技术，构建以'交互、融合、共享'为特征的网络化、信息化、智能化的课堂教学模式。"将智能终端、智能录播、大数据分析等技术与教学有机融合，其实现基于网络环境的集智能集控管理、数字化交互教学等诸多功能于一体。创建基于智慧课堂的自主探究式教学模式，首先"在理念上，以知识建构教理论为指导，依据知识建构螺旋上升的特点，围绕课前、课中、课后的教学循环模式，实现包括协作、场景、沟通和意义建构在内的理想学习环境，达到智慧课堂的目标。其

次，技术上，依托大数据挖掘技术和学习分析技术实时分析反馈结果，并有针对性的采取策略”。再次，在途径上，采取全动态分析和智能推送，通过课前全动态深入分析学生的认知情况和掌握知识的水平，使教师更加有针对性地设计教学策略和过程。课堂上可以随时进行测试，对测试所得到的学生数据进行分析，及时了解学生掌握教学内容的情况，进行方法调整。根据学生课后作业的数据分析进行资源推荐，实施有针对性的咨询，并支持个性化学习。在应用程序中，实现 cloud + end 的教学应用。“采用云端服务模式，通过课堂中各种终端设备的无缝连接和智能化应用，部署信息技术平台和智能教室，打破平台和时空观念。”具有动态学习数据采集功能，实时分析功能实现了教与学之间的三维沟通，从而打破传统课堂结构模式。

课前，首先，学生情况分析环节。教师通过智慧教学平台解析学生的作业，精确地掌握学生学习情况，根据学生的学习情况确定教学进度和教学目标。其次，教师发布学习内容环节。教师依据学生的学习情况与教学目标向学生发送教学内容如课件、微课等视频，学生预习教师发布的内容并找出自主学习过程中遇到的疑问。再次，课前讨论环节。学生可以针对自己预习过程中遇到的疑问在智慧平台与同学或老师进行交流、讨论。最后，教师教学设计环节。教师根据学情分析结果、教学任务、教学内容、学生预习检测系统等设计教学方案。课中，首先，教师组织引导环节。教师通过学生课前预习反馈情况解答学生预习中存在的问题并带入新的学习内容，课堂结束前发布新任务，并通过智能设备发布任务进行课堂测评。其次，合作探究环节。学生以合作学习进行小组讨论，教师组织学生将最后将讨论结果展示和分享与大家分享。再次，预测反馈环节。“智慧课堂可以实时跟踪学生的学习情况并进行预测，课上完成课程导入和新任务后，对学生进行预测服务，将完成随堂测验练习并及时提交，得到实时反馈。最后，分析点评环节。教师带领学生基于数据进行分析与点评，并根据测评反馈结果对模糊的概念和疑问补充讲解，帮助学生解决遇到的问题。”课后，首先，个性化辅导环节。“教师根据学生课堂学习的情况利用智慧化的教学平台针对每位学生发布个性化的课后作业并推送学习资源，学生完成个性化的作业后及时交给老师得到即时反馈，根据学生作业中一些疑难问题以及主要内容录制微课，推送给学生。”其次，课后讨论环节。学生通过观看教师录制的微课，总结学习内容带着疑问，通过智能平台发布感想与老师、同学在线讨论、交流。

基于智慧课堂的自主探究教学模式较之于传统课堂的创新之处在于。其一，教学科学化。传统课堂主要依靠教师的个人经验来判断和制定学生的学习行为，而智能课堂则根据大数据挖掘和分析学生的学习行为，了解学生掌握知识的程度，及时调整教学策略。其二，学生的中心地位得以实现。通过课堂测评情况分析，教师可以准确掌握学生的学习状况，单独评估每个学生，制订教学计划和咨询策略，推动个性化学习材料，实现以学生为中心，一对一的教学和学习。其三，关注学生能力培养。智慧课堂的教学过程中，学生大多时间是通过自主的学习方式进行学习，它改变了传统课堂传授知识的方式，学生能力的培养贯穿于整个教学活动过程。智能课堂智慧课堂打破了以往课堂的封闭传递和接受知识，而是以交互、融合、共享为特征的智能化教学环境，为发展学生智慧提供条件。

三、构建基于翻转课堂的协同合作式教学

网络时代背景下，各种技术应用于教育领域，作为教学活动“第一现场”的传统课堂面临着严峻考验，迫切需要革新以迎接挑战。“翻转课堂”源于美国也称颠倒课堂，是基于现代信息技术基础上，以互联网为依托营造信息化环境，颠倒传统课堂知识的传递和内化的一种教学模式，是颠倒传统教学中知识传授通过教师在课上以讲授法的方式传递给学生，知识的内化通过学生完成课后作业来巩固的模式，调整为知识的传授通过课下学生自主学习获得。被称为影响课堂教学的重大技术变革，近年来被教育界推向热潮。构建基于翻转课堂的合作式教学模式，探索一种与多种因素相契合的教学模式。此种教学模式下，知识传授在课后借助于网络来完成，知识的内化在课上合作讨论来完成，因此学习过程中的各个步骤也将发生变化等。它在网络以及技术手段的帮助下，重新规划教学程序，调整课堂内外时间，是一种先学后教的模式，自主、交互、合作为一体的混合式教学模式。

课上，知识内化的过程。根据教学内容和课前预习情况，师生共同讨论和交流提出一些问题，并以小组的形式进行讨论，最后教师总结结果并进行分析，整

个过程是在交互的模式下解决学生课下学习中所遇到的疑问完成知识的内化。整个过程中不仅教学的时空改变而且师生角色变化是以学生为主体地位，教师则发挥教学组织者的作用，从而真正实现对传统课堂教学模式革新的教学方法，是契合网络时代背景以互联网为依托，以计算信息技术为平台的变革传统课堂的重要途径。课中，课堂讨论阶段锻炼了学生表达和团结合作能力。学生成为教学活动的中心，教师不再进行单纯的传授知识教学，而是组织学生进行合作交流学习，教师主要发挥组织、指导、帮助等作用。教师点评和分析结果，此阶段是整个教学过程的综合总结阶段，此过程中教师要根据学生对课程内容完成的讨论结果进行总结和点评，以便学生更好地消化知识和教学内容。课后，知识的自主获取过程。教师根据学生已有的学习基础状况和教学内容，通过移动网络教学平台发送文本，使学生可以通过移动平台随时观看学习，完成教师的练习或作业，学生根据教学任务预先研究和收集材料，如果学生遇到疑问或困惑，可以通过移动社交媒体与您的老师或同学交谈。

基于翻转课堂的协同合作教学模式，相较于传统课堂的创新之处在于：其一，师生互动强。学校、教室成为学生和老师之间互动的场所，教师不再进行传统意义上的教学，而是在学生自学的基础上开设教学活动，促进师生间互动、学生间交流，答疑解惑，成为学生的帮助者和辅导者，课下学生积极自主查找资源进行学习，主动探索和理解知识，提高了参与度，是知识的主动建构者。其二，协同合作式学习方法有利于培养学生的合作能力和探究能力。翻转课堂教学过程中，小组讨论环节以及师生、生生间的讨论和交流环节，凸显了合作能力和探究能力。其三，为学生创造了个性化的学习环境。学生可以自由安排自己的学习进度，如果观看视频过程中遇到不明白的问题可以随时快进或后退也可随时循环和回放，或者暂停做笔记。其四，有利于教学活动中实现师生的平等对话。通过在线及时诊断，教师及时提供帮助，巩固学生的知识基础，有效促进了师生的良性互动。

参考文献

[1] 陈宝华 . 创业型大学：类型教育背景下职业本科教育发展探究——以深圳为例 [J]. 宁波职业技术学院学报 ,2023,27(5).

[2] 龚佳佳 , 海鹰 . 学前教育专业职业本科教育育人模式的探索与实践——以广东省某高校为例 [J]. 现代职业教育 ,2023(25).

[3] 靳光盈 , 轩凡林 . 职业本科建设背景下高职院校全面质量管理体系构建研究 [J]. 汽车维修与保养 ,2023(9).

[4] 王荣刚 . 工匠精神视域下职业本科学生劳动教育课开展路径探析 [J]. 四川劳动保障 ,2023(8).

[5] 吴楸烨 , 黄福祥 , 邱健等 . 依托大学科技园开展职业本科院校学生创新创业实践教育的探索 [J]. 四川劳动保障 ,2023(8).

[6] 熊文林 , 王佑华 . 职业本科教育：历史演进、现实困境与发展路径 [J]. 高等继续教育学报 ,2023,36(4).

[7] 刘鑫珂 , 陈嵩 . 职业本科高素质技术技能人才培养的现实意义、挑战与优化策略 [J]. 上海教育评估研究 ,2023,12(4).

[8] 余友辉 . 基于 CiteSpace 的我国职业本科研究可视化分析 [J]. 黄冈职业技术学院学报 ,2023,25(4).

[9] 徐光科 , 刘永胜 . 我国职业本科教育的发展逻辑与策略构建 [J]. 黄冈职业技术学院学报 ,2023,25(4).

[10] 吴诗敏 . 我国职业本科教育政策工具选择研究 [D]. 广州大学 ,2023.

[11] 丁秋香 . 本科层次职业教育人才培养方案适切性研究 [D]. 广西师范大学 ,2023.

[12] 李清芹 . 职业本科教育专业课程体系构建研究 [D]. 河北师范大学 ,2023.

[13] 施浩 . 职业本科院校高质量人才培养模式构建研究 [D]. 河北科技师范学院 ,2023.
[14] 王明慧 . 职业本科院校高质量教学研究 [D]. 河北科技师范学院 ,2023.
[15] 张杰 . 区域产业转型升级背景下职业本科试点院校专业建设研究 [D]. 扬州大学 ,2023.
[16] 许晓阳 . 我国职业本科教育人才培养目标研究 [D]. 吉林外国语大学 ,2023.
[17] 李玉 . 西藏自治区职业本科教育办学策略研究 [D]. 西藏大学 ,2023.
[18] 刘雅 . 德国应用科学大学发展经验及对我国职业本科教育的启示 [D]. 河北科技大学 ,2022.
[19] 程西慧 . 职业本科教育人才培养协同机制优化路径研究 [D]. 河北科技大学 ,2022.
[20] 张恬恬 . 本科层次职业教育专业建设研究 [D]. 广西师范大学 ,2022.
[21] 熊亮州 . 职业本科教育试点的政策过程研究 [D]. 华东师范大学 ,2022.
[22] 杨燕 . 本科层次职业院校专业设置研究 [D]. 天津职业技术师范大学 ,2022.
[23] 罗宁 . 职业本科试点高校办学模式研究 [D]. 广西大学 ,2021.
[24] 史文晴 . 我国职业教育专业目录设置中的问题与对策研究 [D]. 华东师范大学 ,2021.
[25] 华原原 . 高职与本科“3+2”分段培养课程衔接研究 [D]. 扬州大学 ,2018.
[26] 陈庆雯 . 江苏省中等职业教育与应用型本科“3+4”模式课程衔接研究 [D]. 东南大学 ,2018.
[27] 高广仿 . 昌吉学院中本贯通“立交桥”人才培养模式研究 [D]. 中国石油大学(华东),2017.
[28] 高纪元 . 高等职业教育人才培养“立交桥”模式构建研究 [D]. 沈阳农业大学 ,2016.
[29] 董凤 . 我国高等职业教育筹资多元化研究 [D]. 广西师范大学 ,2016.